COMMUNITY-BASED WELFARE MAINSTREAMING

地域福祉の主流化

福祉国家と市民社会 III

武川 正吾

法律文化社

はしがき

二〇〇〇年四月に社会事業法が改正されて、社会福祉法が成立した。この新しい法律のなかに、地域福祉計画に関する規定が加わった。法律によるこの計画の規定は非常に簡単なものであったから、その内容がどのようなものかについては不鮮明なところが大きかった。このため地域福祉計画の具体的イメージを明らかとすべく、全国社会福祉協議会（全社協）が研究プロジェクトを開始した。まだ同法が国会を通過する前の二〇〇〇年一月のことである。この段階ではまだ、この計画が市町村にとっての義務となるのか任意となるのかについても定かとなっていなかった。

ところで、一九九一年には、社会福祉協議会による地域福祉活動計画の策定マニュアルの作成を、同じく全社協が行っていた。詳しくは省略するが、前年に社会福祉事業法が改正され、いわゆる「地域等への配慮」の条項が挿入されたことに対応するための措置であった。このとき私は、社会保障研究所の先輩の高橋紘士さんから誘われて、全社協のこのマニュアル作りの手伝いをした。そのときのことが機縁となって、全社協の山田宜廣氏から、上述の二〇〇〇年の研究プロジェクトに呼ばれ、その委員会の委員となった。

この委員会に参加して以降、（最近流行りの言葉で言えば）エフォート（時間配分）の少なからぬ部分を私は地域福祉計画のために割くようになった。地域福祉計画について調べ、読み、考え、書き、そして発言した。この計画に関する条文が二〇〇三年度から施行されたということもあって、この年の前後は、この関係の仕事でにわかに忙しくなった。本書は、この期間に書いた論文や対談を集めて一書としたものである。

地域福祉計画に関する仕事を始めた当初、ここまで深入りすると思っていなかった。しかし次第に、この計画が存外、射程の広いものであることに気づくようになった。地域福祉計画が課題となる状況は、本書のなかで私が「地域福祉の主流化」と呼んでいる変化によってもたらされたものであるからである。私は、ここ数年来、「地域福祉の主流化」について語り、この考え方の普及に努めているのだが、「地域福祉の主流化」とは、社会福祉だけではなく、現代日本の地方行政、地方自治、地域社会などに関係する諸問題が地域福祉のなかに集約的に表現される事態のことを指している。言い換えると、現在の地域福祉（とその計画）は、ローカルな水準において、福祉国家と市民社会の関係を照らし出す鏡となっているのである。

私は一九九三年にイギリスの民間非営利団体による高齢者福祉を取り上げた『福祉国家と市民社会』という本を刊行し、一九九九年にはその続編として『福祉社会の社会政策』という本を刊行した。その意味で、福祉国家と市民社会の関係は、私の研究生活の主題であった。本書の編集作業を進めながら、この『地域福祉の主流化』もまたこの主題の変奏曲であることに気づいたことから、本書の副題は『福祉国家と市民社会Ⅲ』とすることにした。

多くの書物がそうであるように、本書もまた、多くの人びとが織りなす交流の網の目のなかから生まれた。すでに名前を言及した以外に、とくに以下の方々には、この場を借りてお礼を申し上げたい。全社協プロジェクトで一緒だった牧里毎治、和気康太、佐甲学、高森裕子の各氏には、調査や研究会の席でとりわけお世話になった。本書のなかで述べた考えの多くは、この研究会での議論に由来しており、その意味で本書は共同研究の成果でもある。本書のなかで「全社協レポート」と呼んでいる文書をまとめるために行ったこの研究会の合宿は今でも昨日のことのように覚えている。また地域福祉学会の右田紀久恵、田端光美、市川一宏、上野谷加代子、野口定久、平野隆之の各氏には、地域福祉の「業界」の新参者である私に対して、一切の参入障壁を設けず、つねに開かれた態度で接していただいたことに感謝している。さらに、本書で「審議会報告」と呼んでいる文書を起草する過程では、岩田正美、大山博、岡部卓の各氏に助けていただいた。本書の1章、8章、9章は、韓国社会福祉政策学会、中国人民大学、日本福祉大学（COE）での講演原稿に基づいているが、それぞれ発表の機会を与えてくれた金淵明、鄭功成、二木立の各氏にもお礼申し上げたい。このほか調査や視察のさいに情報提供をしてくださった全国各地の多数の住民の方々、社協関係者、行政関係者から多くのものを学ぶことができた。いちいちお名前をあげることはできないが、この場を借りて深謝したい。本書は、以上に掲げた人びとの誰か一人が欠けたとしても、現在の姿とは異なったものになっていただろう。

本書の刊行の話が法律文化社の田靡純子氏から最初にあったとき、正直、いままでに書き散らしたものを前にして、いったいどのようにまとめることができるのか途方に暮れた。何とか本書を現在のような体裁にすることができたのは、同氏の着想と激励のおかげである。同社編集部の浜上知子氏には本書の編集実務に携わっていただいた。記して感謝したい。

最後に、私事で恐縮だが、本書を父忠と母のり子に捧げたいと思う。平凡なサラリーマン家庭のなかに生まれ育った私は、おそらく両親の現実主義的な希望に反して、研究者の道を歩むことになってしまったのだが、ひとたびこの道に踏み出したあと両親は息子の仕事を遠くから静かに見守ってくれたのである。

二〇〇六年六月　濃緑の銀杏並木を見上げながら

武川正吾

目次

序　地域福祉の主流化と地域福祉計画

社会福祉法の改正と地域福祉の主流化

二〇〇〇年に社会福祉事業法が改正されて社会福祉法として生まれ変わった。同法が成立したのが一九五一年のことであるから、約半世紀ぶりの大改正である。従来、措置制度の下にあった福祉サービスの多くは、この改正をはじめとする一連の改革によって、契約制度の下に置かれることになった。これまで行政処分の対象だった福祉サービスの利用者が契約の当事者として遇されるようになったのである。

二〇〇〇年の改正にともなうもうひとつの大きな変化は、地域福祉が重視されるようになったことである。社会福祉法の一条では「地域福祉の推進」が同法の目的のひとつとされ、四条では、地域住民と社会福祉関係者は「地域福祉の推進に努めなければならない」と規定された。このほか社会福祉協議会が「地域福祉の推進を図ることを目的とする団体」とされ（一〇九条）、共同募金も区域内の「地域福祉を推進するため」に配分されることとなった（一一二条）。そして何よりも指摘しておかなければならないのは、「地域福祉の推進」（一〇章）のため、市町村が「市町村地域福祉計画」を策定し（一〇七条）、都道府県が「都道府県地域福祉支援計画」を策定するようになったことである（一〇八条）。

この変化は日本の社会福祉の歴史のなかで突然現れたものではない。二〇〇〇年の改正以前においても、一九八三年には市町村社会福祉協議会が法定化され、一九九〇年の社会福祉関係八法改正では分権化が進み、地域の重視が謳われた。二〇〇〇年の改正における地域福祉の重視も、こうした一連の改革の延長線上にある。

とはいえ、これまで社会福祉の法制度のなかには存在していなかった地域福祉という考え方が、法律のなかにはじめて明記され、その推進が繰り返し語られていることの意義は大きい。その意味で、二〇〇〇年は日本の社会福祉の歴史の転換点であり（介護保険の施行も二〇〇〇年である）、日本の社会福祉はこのとき地域福祉の段階に入ったということができる。

老人福祉、児童福祉、障害者福祉のような縦割りではなくて、領域横断的な地域福祉の考え方が社会福祉の世界で重視されるようになってくる状況のことを、私は「地域福祉の主流化」と呼んでいる。この「地域福祉の主流化」は、この半世紀の間に生じた日本の地域社会の変化の結果である。

地域社会の変化

二〇世紀の第三四半期の日本は、人口構成が非常に若く、かつ人口移動の著しい社会であった。

当時の地域社会は過密と過疎に悩み、コミュニティ形成を急いでいた。当時、地域のなかで人びとの生活が成り立つためには、道路や上下水道などのライフラインの整備に加えて、社会サービスとしての教育が重要だった。とくにコミュニティを築き上げるためには、地域における社会関係の要となる学校や公民館の役割が大きかった。

ところが第四四半期になると人口の定住化が進み、人口移動よりは高齢化の方が深刻な社会問題として受け止められるようになる。病気や要介護の状態になったときに地域のなかで暮らし続けることができるためには、地域医療や地域福祉の存在が不可欠である。これはリスクに遭遇した本人はもちろんのこと、病人や要介護者を抱えた家族にとっても同様である。日本の地域社会は、地域医療や地域福祉の存在を欠いては成り立たなくなったのである。

じっさい一九六〇年代七〇年代の地域社会における公共施設としては、学校や公民館などの教育施設が中心だったが、八〇年代以降には医療や福祉に関係する施設の数が増えた。九〇年代に高齢者福祉のための投資が集中的に行われたこともあって、現在、それぞれの地域にある公共施設のなかでは特別養護老人ホーム、老人保健施設、デイケアセンターなどの存在が目立っている。とくに中山間地に行くと、これらの施設の建物は新しく立派であることが多い。

このような「地域福祉の主流化」の時代にあって、地域福祉を推進するために策定される計画が、二〇〇〇年の法改正によって市町村が策定することになった地域福祉計画である。

総合化と住民参加

この地域福祉計画とはどのような特徴をもつ計画であろうか。これまでの社会福祉計画とどのような点で異なっているのだろうか。また、いまこの計画に注目する理由は何か。

この計画には二つの特徴があるといわれている。

その第一は、総合化である。九〇年代は、社会福祉資源の拡充を図るために分野別の社会福祉計画が何種類も作られた。ゴールドプランに由来する老人保健福祉計画はそれらのなかでも早い段階のものだが、このほかにも市町村は、障害者計画、地方版エンゼルプラン（児童育成計画）、さらに介護保険法の成立によって介護保険事業計画を策定することになった。このような形で対象者別の計画が増えてくると、それぞれの計画の間で整合性を保つ必要が生まれてくる。また個別計画に共通する理念や原則を明らかにすることも必要である。地域福祉計画には、社会福祉の個別計画を総合化する役割が期待されているのである。

健康増進法の成立（二〇〇二年）によって、市町村は健康増進計画（健康日本21計画）を策定することとなっているが、市町村のなかにはこれと地域福祉計画とを一体的に策定しているところもある。また、生涯学習とからめて地域福祉計画を策定している自治体もある。あるいは社会福祉の総合計画として、地域福祉計画を位置づけているところもある。このように総合化のための取り組みが各地で行われている。

第二は、住民参加である。行政計画における住民参加の必要性は古くから説かれてきたことだが、今回の地域福祉計画の策定においても住民参加が不可欠とされている。社会福祉法のなかでは、地域福祉計画の策定は住民参加によってなされるべきことが明記されている。その意味で、住民参加を欠いて作られた地域福祉計画は、少なくとも社会福祉法が定める地域福祉計画と呼ぶことができない。

住民参加は数十年にわたっていわれ続けてきたことだが、その中身は次第に変わってきた。例えば、昔は審議会を置いたり、広報広聴活動を行ったりしていれば、それで立派な住民参加といえたが、今日では、これでもって住民参加が行われているという人はいない。現在のポイントは、計画の策定委員会のなかに個人としての公募委員がどれくらい参加しているかとか、策定委員会をどれくらいの頻度で開催しているかとか、コミュニティ・ミーティング（住民座談会や住民懇談会）に対してどれくらい熱心か、といったような点である。地域福祉計画でも、このような新しい形での住民参加が求められている。

地域福祉計画の新しさ

地域福祉計画は、高齢者、障害者、児童といった従来からの計画に追加された、ひとつの新しい領域の計画というのとは違う。これまで作られてきた社会福祉計画とは相当性格が異なっているからである。

例えば、九〇年代の社会福祉計画を代表する老人保健福祉計画は、どちらかというとトップダウンで数値目標を掲げながら福祉サービスの拡充を図るための計画だった。日本の場合、高齢化があまりにも急速であったため、高齢者のための福祉サービスを緊急に整備する必要があった。これを効率的に行うためには、老人保健福祉計画の手法はきわめて有効だった。

ところが老人保健福祉計画が成功したことによって、事態は変わる。新しい施設を作ったり、既存の事業を拡充したりするというだけでなく、これまで地域のなかに蓄積されてきた社会福祉の資源をどのように活用していくかということが、新しい課題として浮かび上がってくる。この課題に答えるためには行政の能力だけでは不十分であり、住民による地域福祉活動の助けが必要となる。地域のことをいちばんよく知っているのは住民自身だから、これはある意味で当然である。地域福祉計画は、こうした社会福祉のあり方の変化へ対応するための計画でもある。

地域福祉計画と地方自治

地域福祉計画が重要なのは、それが社会福祉だけでなく、地方分権や地方自治といったことがらとも深く関わっているからである。

九〇年代以来、日本では、徐々に地方分権化が進んできた。とくに九〇年代半ば以降、そのスピードは速い。現在では、いわゆる三位一体改革が進められている。また、こうした分権化の動きに呼応して、地方自治の世界では、官と民が対等な立場に立って地域の課題に取り組むローカル・ガバナンス（共治）の主張がなされるようになっている。

地域福祉計画は二重の意味で、このローカル・ガバナンスとつながっている。一つにはこの計画が地域住民の参加によって策定されるからであり、一つにはこの計画が住民の地域福祉活動と関係しているからである。この計画は、対等な立場に立った官と民の協力によって地域の福祉課題を解決することを目指している。その意味で、地域福祉計画の策定と実行は、社会福祉の分野におけるローカル・ガバナンスそのものだともいうことができる。地域福祉計画の成否は、ある意味で、ローカル・ガバナンスの試金石ともいえる。

社会福祉法のうち地域福祉計画に関する条文は二〇〇三年四月から施行されたが、ちょうどこのときは市町村合併の嵐が吹き荒れていたときである。このため地域福祉計画は市町村の政策課題としては合併の後回しにされる傾向があり、これまでのところ計画の策定率は芳しくない（二〇〇五年四月一日現在、策定済みの市町村は一四％）。しかし合併特例債の期限が過ぎ、市町村合併への動きが一段落した現在、地域福祉計画への取り組みが改めて期待されている（策定予定の市町村は四四％）。

（二〇〇六年一月）

第Ⅰ部

ローカリティの時代

1　地域福祉とローカル・ガバナンス――分権化時代の社会福祉

「第三の改革」

一九九〇年代の日本のことを、経済学者や財界関係者は「失われた一〇年」と呼んでいる[1]。こうした経済的低迷の陰に隠れてみえにくいが、社会政策の観点からすると、一九九〇年代に大きな変化が進行したことも否定できない。一つは、福祉サービスの供給がこの一〇年間に飛躍的に拡大したことである。その累積を背景にして、二〇〇〇年から、介護保険制度が施行された。もう一つの大きな変化は、ここで取り上げる地方分権の動きである。

九〇年代日本の分権改革は、日本の地方制度の歴史のなかで、しばしば「第三の改革」として位置づけられている（地方分権推進委員会中間報告）。

「第一の改革」は、明治時代における地方制度の成立のことを指している。明治政府は、江戸時代の統治単位であった封建的な「藩」を廃止し、新たな行政単位としての「県」を置いて、近代的な中央集権制度を確立した（廃藩置県）。市町村は国家行政機構のヒエラルヒーの末端であり、伝統的な村落共同体もこれの最末端区域として位置づけられた。この時代、地方自治は存在しないに等しかった。

「第二の改革」は一九四〇年代の戦後改革の一環として遂行された。第二次大戦後のアメリカ軍による占領の下で、さまざまな領域における民主化が進められ、それが地方制度にも及んだ。新しく制定された日本国憲法（一九四六年公布、一九四七年施行）は、地方制度を「地方自治の本旨」に基づいて組織・運営することを定めた。この「地方自治の本旨」は、一般に、「住民自治」と「団体自治」から成ると理解されている。

日本国憲法は地方自治を強く保障し、「第二の改革」の下で成立した制度は、少なくとも形式的には、非常に民主的なものだった。しかし実際の運用は民主的なものではなかった。理由はいくつかある。第一に、ＧＨＱによって軍国主義に加担した人間の公職追放はあったが、官僚組織は基本的に戦前からのものが存続した。旧内務省は自治省と名前を変えて生き延びた。第二に、中央の省庁は補助金の交付や人事交流をつうじて、都道府県や市町村を事実上統制した。第三に、地方自治体や住民は長らく中央集権に慣らされていたため、地方自治の推進に不慣れだった。このため地方自治の実質化を求める運動が起こり、一九六〇年代末から七〇年代にかけて、社会党と共産党が支持する「革新自治体」が東京や大阪などの大都市で生まれたが、それも地方財政危機のなかで頓挫した。したがって日本では形式的には分権的だが実質的には集権的な地方制度が約半世紀にわたって続いた。

こうした形式分権・実質集権という制度の抱える問題点を解決するために生まれたのが、九〇年代の「第三の改革」である。第一の改革と第二の改革はそれぞれ明治維新、戦後改革というドラスティックな社会変化にともなって生まれたものであるが、九〇年代の改革には、そのような背景はない。その意味では「静かな改革」である。しかし第一、第二に匹敵するという意味を込めて、このような言い方がされるのである。「第三の改革」という表現には誇張もあるが、その内容を過小評価することはできないだろう。

政府間関係とガバナンス

九〇年代の分権改革についてみていく場合には、二つの視点が重要である。一つは政府間関係論の視点であり、もう一つはガバナンス論の視点である。

前者は、各国政府間の関係だけでなく、一国内の中央地方関係も中央政府と地方政府といった政府間の関係としてみていこうとする立場である。この立場からすると、市町村などの基礎自治体が身近な「第一の政府」であり、都道府県などの広域自治体は「第二の政府」となり、国は「第三の政府」ということになる。政府間関係論の視点からすると、分権改革は「中央政府から地方政府へ」と権限の委譲を目指した動きを意味する。

これに対して後者は、地方自治を地方行政としてではなく、地域に存在する多様な諸団体や諸個人の自発性に基づいた集合的な営みとしてとらえていこうとする立場である。ガバメント（政府）は、法律や条例などフォーマルなルールに基づいて、場合によっては、強制をともないながら目的を達成しようとする。これに対して、ガバナンス（統治）は、政府だけでなく、一人ひとりの市民、ＮＰＯ・ＮＧＯ、企業などの諸団体の連携が重視される。ガバナンス論の視点からすると、分権改革の背後には「ガバメントからガバナンスへ」と地方自治の重点を移動させようとする動きがあった。

政府間関係論からみた日本の福祉国家

このように九〇年代に、「中央政府から地方政府へ」、「ガバメントからガバナンスへ」といった形の分権改革を始めなければならなかったのは、それまでの日本の福祉国家の特徴に由来する。福祉国家という概念を、私は、①国家目標としての福祉国家、②給付国家としての福祉国家、③規制国家としての福祉国家の三つの要素に分節化してとらえることができると考えている。それぞれの要素は、福祉国家における分析の焦点を、①福祉政治、②給付国家、③規制国家に向かわせる。このような分析図式に基づいて考えると、日本の福祉国家は次のようにとらえることができる。

日本の福祉政治は、強大な国家官僚制と弱体な社会民主主義勢力によって特徴づけられる。給付国家としてみた場合には、社会支出の低さと公共事業支出の高さによって特徴づけられる。規制国家としてみた日本の福祉国家は、経済規制は非常に強いが社会規制は非常に弱い（詳しくは、武川〔二〇〇五〕を参照）。

そしてここから日本の福祉国家レジームの特徴が生み出される。すなわち社会支出と社会規制という「狭義の福祉国家システム」の役割は小さいが、「広義の福祉国家システム」——公共事業支出の多さと経済規制の強さと強力な国家官僚制——が、狭義のシステムの機能を代替し、これによって、国民の雇用と生活の保障を行うという特徴である。

このようなレジームの下では、中央政府と地方政府の政府間関係は必然的にパターナリズム的なものとならざるをえない。公共事業という利益配分をつうじて、国家官僚制はますます権力を集中する。日本の給付国家は、階層間の再分配よりも地域間の再分配を重視したから、地方政府の関心も中央政府から公共事業を取ってくることに向かい、地方は中央への依存を強め、中央政府は地方政府の後見人としてふるまった。

八〇年代までの日本では、このような中央集権的な福祉国家システムが比較的よく機能した。しかし九〇年代以降、国内外の状況の変化によって事情が変わる。

グローバル化は、公共事業と経済規制によるシステムを直撃する。このため後見人としての国家官僚制の威信は低下する。行政学者の新川達郎は、グローバル化によってもたらされる分権改革について、次のように述べている。「グローバル化によって国家機能の再編を迫られた中央政府は、自由市場の擁護とセーフティネットの構築を課題とし、安上がりの政府を目指して自己改革を進めることになる。その改革は、日本の場合に即して言えば、政府行政の合理化効率化、民営化と規制緩和、そして地方分権改革に代表されてきたのである」〔新川 二〇〇三：一五四〕。

しかし外圧だけが日本の地方制度の分権化を要請したわけではない。そこにはローカル化の動きが介在する。形式分権・実質集権の地方制度ではあったが、約半世紀の間に、地方自治の経験がそれなりに蓄えられてきた。とりわけ大都市の自治体は中央集権の恩恵をこうむっていなかったから、分権への志向が強かった。大都市以外の自治体も中央政府との間に紛争を抱えた場合もある。

同じく新川は、分権改革のもうひとつの背景を次のように述べている。「かつては地方自治体にとって意味のあった中央の規制や保護が、地方の活動を阻害し始めたともいえるし、地方自治体の中に蓄積された自治の技術と能力が、そうした介入を不要とし始めた場合もある」〔新川 二〇〇三：一六八〕。

ガバナンス論からみた日本の福祉国家

中央政府と地方政府との関係は、地方政府と住民との間にもみられる。中央政府が地方政府の庇護者であったように、地方政府は住民にとっての庇護者であった。住民の方も、明治以来の伝統で、地方政府に対する「お上意識」を払拭することができなかった。さらに福祉政治の不在といった事情も加わる。日本の場合、国家官僚制が擬似社会民主主義として福祉国家化を進めてきたため福祉政治が潜在化し、住民の主体性が確立されにくかったからである。

とはいえ、日本の地域社会がつねに被後見人としての立場に安住していたわけではない。六〇年代から七〇年代にかけて、高度成長の逆機能として公害問題が生まれたとき、住民運動が生じた。開発計画をめぐって、国や自治体と住民との間に激しい対立が生じたこともある。とりわけ重要なのは、八〇年代後半から九〇年代にかけて、各地で、ＮＧＯ・ＮＰＯやボランティアなどの活動が目立つようになったことである。

福祉国家は家族や労働の個人化を推し進めたが、地域社会においても個人化を進めた。日本の地域社会は、地縁団体の集まりとして存在していた。伝統的な地域では、町内会・自治会・部落会、青年団、老人クラブ、ＰＴＡ、消防団、家族会、等々が中心だった。しかし、九〇年代以降、「有償ボランティア」、ワーカーズ・コレクティブ、協同組合、ＮＰＯ、等々の存在が目立つようになった。これはローカル・ガバナンスについて語ることが可能になったことを意味する。

分権改革

日本は一九七〇年代に福祉国家化したが、福祉国家化と同時に、国際的な「福祉国家の危機」の渦のなかに巻き込まれ、福祉国家の形成と危機を同時に経験することとなった。そのなかで八〇年代初頭に、行財政改革が叫ばれ、第二次臨時行政調査会が組織され、その答申が出された。八〇年代の経済政策・社会政策はこの答申の路線によって推進されたが、このなかですでに、国と地方の機能分担に関する検討がなされていた。

しかし本格的な分権改革は、一九九五年の地方分権推進法の制定によって始まる。この法律によって、地方分権推進委員会が発足し、委員会が五次の勧告を出し、この勧告に基づいて、「地方分権推進計画」が策定され、さらに、その法的整備のため、一九九九年に地方分権一括法が制定され、二〇〇〇年から施行された。その間の経緯をまとめると、表1–1のようになる。

また、これら一連の改革による主な制度改革は表1–2に記したとおりである。

さらに、これらの諸改革を踏まえて、いわゆる「三位一体改革」が進められた。同改革が目指したのは以下のとおりである。

表1–1　地方分権改革の経緯

1995	地方分権推進法成立
1996	地方分権推進委員会第1次勧告
1997	地方分権推進委員会第2次勧告
	地方分権推進委員会第3次報告
	地方分権推進委員会第4次報告
1998	「地方分権推進計画」閣議決定
	地方分権推進委員会第5次報告
1999	「第2次地方分権推進計画」閣議決定
	地方分権一括法制定
2000	地方分権一括法施行

- 補助金の廃止・縮小
- 地方交付税の総額抑制と簡素化
- 国から地方への税源の移譲

二〇〇三年は、国と地方六団体（全国知事会、全国市長会、全国町村会、全国都道府県議会議長会、全国市議会議長会、全国町村議会議長会）との間でこの改革をめぐって調整が図られた。その結果、二〇〇四年一一月には、三位一体の改革の全体像が政府と与党の間で合意された（「三位一体改革について」）。これによって三兆円程度の補助金が廃止され、同程度の税源が国税から地方税へと移譲されることとなった。

この「三位一体改革」によって地方の財政危機が深刻化する可能性は高い。また、税源の移譲が不十分であるため地方の自主性が期待されるほど進んでいない。しかしこの改革によって地方分権化がいっそう進むことは間違いないと思われる。

表1－2　地方分権改革の主な内容

- 機関委任事務制度の廃止
- 国による包括的な指揮監督権の廃止
- 権限委譲
- 組織や職の必置規制の廃止・緩和
- 地方税の改革（法定外普通税・法定外目的税・地方債の規制緩和）
- 行政体制の改革（市町村合併，情報公開等）
- 公共事業に関する改革（地方の主体性）

社会福祉の分権化

日本では、社会福祉行政もきわめて中央集権的であった。社会福祉行政の現場は市町村であったが、社会福祉行政の多くは国の機関委任事務であり、市町村は国の出先機関にすぎなかった。また機関委任事務でない場合でも、市町村は補助金によって国からコントロールされた。分権改革は、地方行財政全般に関わるものであったから、当然、社会福祉の領域にも大きな影響を及ぼした。

端緒は一九九〇年の福祉八法改正である(2)。この改革は人口の高齢化に対応して、社会福祉資源の充実を図るためのものであり、従来、法律のなかに位置づけられていなかった在宅福祉サービスに対して明確な法的位置づけを与え、これを推進したが、地方分権化の点でも転換点だった。一つは、施設福祉や在宅福祉に関する権限が市町村に委譲され、一元化されたことである。他の一つは、市町村による老人保健福祉計画の策定が義務化されたことである。老人保健福祉計画は国のゴールドプランと呼ばれる老人福祉に関する一〇カ年計画を市町村のレベルで実現するためのものである。これら二つの改革によって、第一の政府である市町村が社会福祉行政の責任主体とみなされるようになった。一九九五年の地方分権推進法以前に、社会福祉の領域では、分権化への一歩が踏み出されたわけである。

市町村が計画を策定して社会福祉の充実を図るという手法は、社会福祉の他の領域にも波及した。一九九四年一二月、国は、少子化対策として「エンゼルプラン」を作ったが、これに対応して市町村は地方版エンゼルプランを作ることを期待された。また、一九九五年一二月、国が「障害者プラン」を策定し、市町村は「障害者計画」を作ることとなった。さらに一九九七年一二月には介護保険法が成立し、二〇〇〇年四月から施行された。介護保険の保険者は市町村であり、社会福祉サービスにおける市町村への分権化が徹底された。

介護保険の導入は政府間関係論の視点からだけでなく、ガバナンス論の視点からも評価されなければならない。というのは介護保険導入の準備過程で、先進的な自治体では、住民参加や情報公開が進んだからである。住民懇談会、公募委員、パブリックコメントなど住民参加をめぐる新しい動きが展開した。地方自治体のおけるガバナンスの向上は、介護保険制度導入の副産物でもあった。

地域福祉の主流化

さらに二〇〇〇年の社会福祉法の改正は、社会福祉における分権改革をさらに推し進めた。新たな社会福祉法では、地域福祉の推進が社会福祉法の目的のひとつとなり、地域福祉を推進するために市町村が地域福祉計画を策定することとなった。計画策定に関する条文は二〇〇三年から施行された。

社会福祉法の改正と地域福祉計画の法定化は、九〇年代の社会福祉における分権改革の集大成であるとともに、ひとつの転換点を示している。

第一に、地域福祉計画は九〇年代の「三プラン」（老人保健福祉計画〔・介護保険事業計画〕、児童育成計画、障害者計画）を総合するものとして位置づけられている。

第二に、社会福祉法では、社会福祉を、地域福祉として再定義している。これは九〇年代の動きを再確認するとともに、さらに推し進めるものである。

第三に、住民参加が地域福祉計画の策定の最も重要な要件となっている。九〇年代の計画は市町村単位で策定されるとはいえトップダウンの性格が否めなかった。数値目標を策定して社会福祉資源の充実を図るという計画の性格上やむをえなかったかもしれない。ところが地域福祉計画は老人保健福祉計画とは対照的であり、ガバナンス論の方へ大きく踏み出している。

日本の地方自治が本物になるかどうかは、この地域福祉計画をきちんと作れるかどうかにかかっている。

（二〇〇四年六月）

（1）本章は韓国社会福祉政策学会における講演原稿に基づいている。

（2）八法とは老人福祉法、身体障害者福祉法、知的障害者福祉法、児童福祉法、母子及び寡婦福祉法、社会福祉事業法、老人保健法、社会福祉・医療事業団法である。

2　地域福祉の主流化と地域福祉の新しい概念

前二章で述べたように、二〇〇〇年に成立した社会福祉法によって、「地域福祉」に対する法的な位置づけが与えられ、同法は、その目的を「地域における社会福祉の推進」に置いた。これによって今後の日本の社会福祉は、地域福祉を機軸にして展開していくことになった。また社会福祉法は地域福祉の推進を図るため、市町村が「地域福祉計画」を策定し、都道府県が「地域福祉支援計画」を策定することを定めた。これらの計画に関する条文は二〇〇三年四月から施行された。日本の地域福祉は、この年から、地域福祉計画の段階に突入した。その意味で、二〇〇三年は、日本の地域福祉の歴史におけるひとつのエポックメーキングな年である。

本章は、こうした地域福祉計画の段階において、わが国の従来からの地域福祉の概念が拡張されたのではないか、ということを示すための試みである。この「地域福祉計画の段階」は、「地域福祉の主流化」の段階と言い換えることができると思うが、このように地域福祉が主流化する段階における地域福祉の固有性がどこにあるかを探るための試みである(1)。

1 地域福祉計画の段階の地域福祉

社会福祉法における「地域福祉」は「地域における社会福祉」と定義されているだけである。しかし同法のなかに「地域福祉」が書き込まれるに至った経緯を振り返ってみるならば、「地域福祉」には「地域における社会福祉」ということ以上の意味があることがわかる。この点に関しては、社会福祉（や地域福祉）の専門家の間でも意見の一致がある。

例えば、右田紀久恵は、従来から「地域福祉」と「地域の福祉」を区別して、「地域福祉」を「地域の福祉」（あるいは「地域における社会福祉」）に還元してしまうことに対して警鐘を鳴らしてきたが、次のように述べている。「地域福祉は社会福祉の一分野というよりも、あらたな社会福祉である」〔右田 一九九三：一四、二〇〇五：七〕。すなわち地域福祉は、児童福祉や高齢者福祉に対して付け加えられるべき社会福祉の新たな分野ではなくて、社会福祉そのものの新しい姿だというのが右田の主張である。

また、古川孝順は「地域福祉は、福祉理論構成のための『アリーナ』（戦場）としての意味をもつようになってきている」と述べて、地域福祉（の主流化）が日本の社会福祉におけるパラダイム転換の一例であることを示唆している〔古川 一九九七：二二八〕。いまや日本の社会福祉は、地域福祉というプリズムを通して考えられるべきであるというのが私の持論であるが、古川も、地域福祉は社会福祉の政策や実践のアリーナとなっているだけでなく、理論構成のためのアリーナとなっていることに注意を払っているのである。

さらに三浦文夫も社会福祉基礎構造改革における地域福祉の意義を強調する。例えば、基礎構造改革について、「今後の社会福祉の展開それ自体を地域福祉の推進としている」と述べている〔三浦・橋本・小笠原 一九九九：三三〕。三浦によると、「一九九〇（平成八）年の福祉関係八法改正に至る道筋」が、社会福祉の制度改革の第一段階であるのに対し、社会福祉事業法が改正されて社会福祉法が成立するに至る社会福祉基礎構造改革は、その第二段階である〔三浦・橋本・小笠原 一九九九：一二〕。

三浦がいう「第一段階」の八法改正のときには、社会福祉事業法の三条で、「福祉サービスを必要とする者」に対して「地域において必要な福祉サービスを総合的に提供される」ことを求めることが記された。地域福祉を連想する規定が挿入されたが、地域福祉という言葉そのものは使われなかった。これに対して「第二段階」の社会福祉法では、そこからさらに発展して「地域福祉」という言葉が法律のなかで繰り返し用いられるまでになったのである。三浦の右の指摘は、こうした変化を踏まえたうえでのことである。

以上の三人の認識に共通するのは、地域福祉が二一世紀の社会福祉を考えるさいの鍵であるということである。これまでの日本の社会福祉の歴史のなかでは、行政による社会福祉事業が主流であって、地域福祉は傍流の位置にあったことは否めない。また、行政による社会福祉のなかで

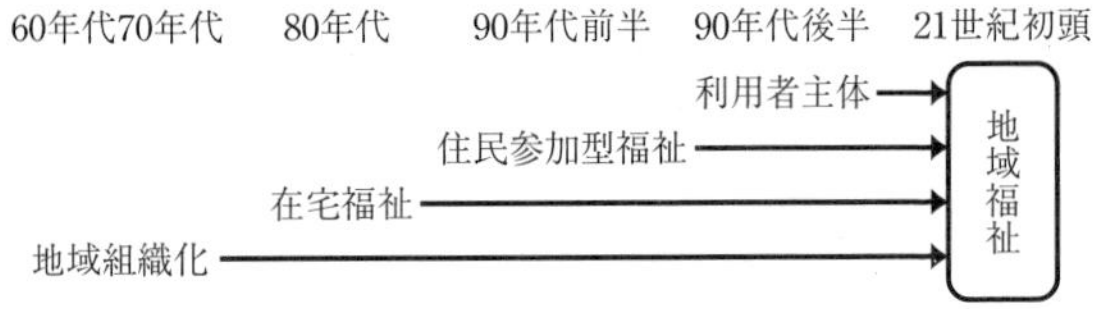

図２－１　地域福祉概念の成立

も、ある時期には生活保護が、別の時期には高齢者福祉が主流の位置を占めていた。ところがここにきて地域福祉がいっきょに社会福祉の主流として登場したのである。こうした社会福祉における変化が本書でいうところの「地域福祉の主流化」である。

どうしてこのようなことが可能となったのだろうか。地域福祉の主流化はまったく新しい事態である。しかし無から有が生み出されたわけではない。そこには従来の社会福祉の歴史との連続と非連続がある。すなわち二〇世紀後半の日本で提唱されてきた社会福祉に関する理念の数々が、現在の地域福祉という考え方のなかに盛り込まれているからこそ、二一世紀になって地域福祉が主流化することができたのではないか。また、これら旧来からの要素に新しい要素が加わって地域福祉の考え方が再編成されたところに、今日の地域福祉の新しさがあるのではないだろうか。本章では地域福祉に関するこうした連続と非連続について考察してみたい。

この点を明らかにするための本章の仮説は次のようなものであり、この仮説を図示したのが図**２－１**である。

わが国における地域福祉の概念は、戦後日本の社会福祉における政策理念の累積体として成立したものである。すなわち一九六〇年代七〇年代における「地域組織化」、一九八〇年代における「在宅福祉」、一九九〇年代前半における「住民参加型福祉」、一九九〇年代後半における「利用者主体」といった四つの政策理念の累積体を具体化したものが現在の地域福祉の概念であり、「地域福祉の主流化」段階における地域福祉の概念は、以上の四つの契機から成り立つ。

2　政策理念の累積体としての地域福祉

この仮説について少し敷延しておこう。

一九六〇年代七〇年代には、アメリカのコミュニティ・オーガニゼーション（CO）の影響を受けて、わが国でも「地域組織化」という方法が追求された。(2) 地域組織化の考え方の形成は、直接には、COの影響が大きかったが、地域組織化が定着していく下地として、戦前からのセツルメント活動の経験もあった。この時期、全国各地の社会福祉協議会には、COの専門家が配置された。今日の日本では、COという言葉はあまり用いられなくなっているが、国家試験のための定評ある社会福祉の教科書のなかでも、社会福祉協議会のことを「コミュニティ・オーガニゼーションの総合的推進を図る組織」と規定しており〔福祉士養成講座編集委員会 二〇〇一：二〇九〕、COがまったく廃れたわけではない。

さらに一九八〇年代になると、社会福祉の世界では「在宅福祉」が強調されるようになった。

「在宅福祉」は、イギリスのコミュニティケアの考え方の影響を強く受けて成立した概念であるが、地域福祉と同様、これも国産概念といってよい[3]。「在宅福祉」という概念を普及するうえで重要な役割を果たした全国社会福祉協議会の報告書は、在宅福祉について次のように述べている。

「在宅福祉サービスは新しい概念であり、今日わが国の社会福祉が新しく切り開こうとしている戦略的課題のひとつでもある。このゆえもあって、在宅福祉サービスという用語それ自体も、必ずしもわが国の社会福祉において市民権をえたものかどうかも疑義のあるところかもしれない。……今日改めて在宅福祉という用語で社会福祉の新しい方向が主張される理由は、たんにこれまでの社会福祉処遇のあり方にかかわって主張されてきた在宅援護（保護）の内容充実・改善ということだけでなく、わが国の社会福祉がこれまでの路線を転換せしめ、新たな発展が求められているという文脈のなかで、新しい視点と発想にもとづいてラディカルに問い直されるべきものという認識にもとづくものである。その意味で、在宅福祉の課題は新しい課題ということができる」（強調は引用者）〔全国社会福祉協議会編　一九七九：一、一四〕。

また一九九〇年代に入ると、社会福祉の世界では、「住民参加型福祉」が注目を集めるようになる。八〇年代には人口高齢化が進むなかで、在宅福祉サービスを求める声が大きくなりつつあったが、それまでの行政による社会福祉は低所得者を対象にしたものであったことから、中所得以上の階層には、介護を必要とする高齢者であっても、在宅福祉サービスが利用できないという状況が続いた。また、ケア・サービスは採算性の問題から市場をつうじて供給することも難しかった。このため地域のなかから、在宅福祉サービスを提供する「有償ボランティア」が自発的に生まれた。当時は、女性の労働力率も低かったから、最低賃金水準以下の謝礼で活動に従事することを厭わない女性が多かったのである。こうして各地で自然発生的に生まれた在宅福祉サービスを提供する民間団体が成長し、九〇年代になるとこれらが「住民参加型福祉」として注目されるようになった。やがてこれらの多くはＮＰＯと呼ばれるようになった。

一九九〇年代の後半には、「措置から契約へ」というスローガンとともに「利用者主体」の考え方が日本の社会福祉の世界でも影響力をもつようになった。その背景にはイギリスの福祉サービスにおける消費者重視（consumerism）の考え方の影響もあったが、それまで続いていたわが国の社会福祉における措置制度に対する反省もあった。一九九〇年代の後半は、社会福祉基礎構造改革が席捲するが、そのなかの重要な理念のひとつが「利用者本位」ということであった。これまで行政処分の対象として扱って福祉サービスの利用者を契約の主体として遇するという考え方である。

一九九五年、社会保障制度審議会は、「利用者が自分で選択してサービスを受けられるようにすることが大事であり、この観点からも現在の社会福祉制度における措置制度を見直すことが求められている」と当時の村山首相に勧告した（「社会保障体制の再構築」）。さらに一九九六年に出された中央社会福祉審議会の報告書（同社会福祉構造改革分科会「社会福祉基礎構造改革について（中間まとめ）」）は、福祉サービスの提供者と利用者の間の「対等の関係の確立」を理念として掲げ、

「個人が尊厳を持ってその人らしい生活を送れるよう支援するという社会福祉の理念に対応し、サービスの利用者と提供者との間に対等な関係を確立する」ことを求めた。

今日の地域福祉の概念は、これら四つの政策理念の累積的複合体として成立しており、地域福祉計画段階における地域福祉はこれら四つのうちのいずれの一つを欠いても成立しえないというのが、ここでの仮説である。この仮説に立脚するとき、地域福祉計画は、これらの政策理念を実現するためのものとなる。この仮説を地域福祉の研究史のなかで確認するために、次に、わが国における地域福祉の概念の歴史を振り返ってみることにしよう。

3　初期の地域福祉概念

日本の地域福祉は国産の概念である。カタカナ語が氾濫する日本の社会福祉の世界にあって、これは、すでにふれた「在宅福祉」とともに例外に属する。(4) 杉岡直人は、「『地域福祉』に対応する英訳」がまちまちであることを指摘し、「『地域福祉』という用語そのものに対応する適当な英訳が存在しないことは通文化的に対応できない内容を含んでいる」と述べている〔杉岡 二〇〇一：二三〇〕。これはまさに図らずも国産概念としての地域福祉の性格について語っており、地域福祉について考える場合には、わが国に固有な事情に配慮しなければならないことを示している。(5)

とはいえ、日本の地域福祉の概念が、その成立の当初において、コミュニティ・オーガニゼーションとコミュニティケアという二つの概念の影響の下にあったことは否定できない。その意味で、わが国における初期の地域福祉概念は、両者の混合型としての性格を有していた。この点について、右田紀久恵は六人の地域福祉学者の地域福祉に関する定義を検討しながら、「いずれの論者も構成要件に、①在宅福祉サービス〔または、コミュニティケア〕、②地域組織化をあげている」との結論を下している〔右田 二〇〇五：三〇〕。

地域福祉の考え方を普及・定着させる過程で果たした岡村重夫〔一九七四〕の役割は大きいが、彼は、地域福祉の構成要素を次のように記している。

- 最も直接的具体的援助活動としてのコミュニティケア
- コミュニティケアを可能にするための前提条件づくりとしての一般地域組織化活動と地域福祉活動
- 予防的社会福祉

「一般的地域組織化」と「地域福祉活動」を別のものとして区別するか否かで、岡村における地域福祉の要件が三つになるか四つになるかの違いはあるが、いずれにせよ、岡村による地域福祉の定義は、コミュニティ・オーガニゼーションの系譜に連なる「地域組織化」と、コミュニティケアの系譜に連なる「在宅福祉」の両者を含んだものであったといえる。

同じことは、地域福祉の普及において影響力をもったもう一人の人物である永田幹夫〔一九八二〕の地域福祉の概念についても当てはまる。彼は、地域福祉の構成要素を次の点に求めている。

- 在宅福祉サービス
  - 予防的福祉サービス
  - 専門的ケア・サービス
  - 在宅ケア・サービス
  - 福祉増進サービス
- 環境改善サービス
- 組織活動
  - 地域組織化
  - 福祉組織化

永田幹夫の地域福祉概念は、岡村重夫のそれに比べると、「在宅福祉」の比重が大きいとはいえ、彼の場合にも、コミュニティ・オーガニゼーションの系譜に連なる「地域組織化」と、コミュニティケアの系譜に連なる「在宅福祉」の双方を含んだものであった。

もっともコミュニティケアについては、イギリスでも、「コミュニティのなかでのケア」（care *within* the community）と「コミュニティによるケア」（care *by* the community）の二つの側面のあることがしばしば指摘されてきた。「コミュニティによるケア」の前提には、地域組織化があると考えることができるから、じつはコミュニティケアのなかにすでに「在宅福祉」と「地域組織化」の二つの契機が含まれていたとみることもできる。

岡村と永田は「地域組織化」に加えて「在宅福祉」が強調されるようになりつつあった一九七

〇年代から一九八〇年代にかけて、みずからの地域福祉理論を形成しており、その意味で、地域福祉に関する第一世代と呼ぶことができるだろう。牧里毎治〔一九八四〕は、これら二人の理論家の方法を「機能的アプローチ」としたうえで、彼らの地域福祉概念を「機能的概念」と呼んでいる。さらに、この機能的アプローチを二つに下位分類し、岡村〔一九七四〕を住民の共同性や地域の主体性を強調しているところから「主体論的アプローチ」、永田〔一九八一〕を地域のなかの福祉課題への資源の供給を主眼としているところから「資源論的アプローチ」と呼び、両者の差別化を図っている。主体論的ないし資源論的という違いがあるにしても、牧里のいう「機能的概念」は、「地域組織化」と「在宅福祉」という二つの契機を含んでいるという点において共通していた。図2-1における仮説との関連でいうと、機能的アプローチによる地域福祉の概念は、一九八〇年代の段階までの社会福祉の理念を反映していた、ということになる。

4　地域福祉概念の二つの拡張

自治型地域福祉による第一の拡張

これら第一世代の地域福祉の概念に対して、右田紀久恵〔一九九三〕は、「自治型地域福祉」という考え方を提唱した。右田はすでに述べたように「地域の福祉」と「地域福祉」は区別されるべきだと主張し、地域福祉という概念のなかに、自治や運動の契機も含めるべきだとの立場を打ち出した。彼女によると、「地域の福祉」は「地域に視点をあてた」施策や活動ではあっても、「地域を外から対象化し、施策化している」にすぎない〔右田 一九九三：一四〕。これに対して「地域福祉」は次のような特徴をもっている。

「『地域福祉』は、あらたな質の地域社会を形成してゆく内発性（内発的な力《マハト》の意味であり、地域社会形成力、主体力、さらに、共同性、連帯性、自治性をふくむ）を基本要件とするところに、「地域の福祉」との差がある。この内発性は、個レベル（個々の住民）と、その総体としての地域社会レベル（the community）の両者を含み、この両者を主体として認識するところに地域福祉の固有の意味がある。」〔右田 一九九三：一四〕

このような「地域福祉」の考え方を、右田は「自治型地域福祉」と命名しているが、これは「地域福祉と地方自治との不可分性」の認識に基づいており、「自治概念と地域福祉の方法論の接合と展開」という「理論課題」に答えるために提起されたものであった。彼女は、「自治型地域福祉」の概念を提唱する以前の一九七三年の時点で、地域福祉について次のように定義している。

「生活権と生活圏を基盤とする一定の地域社会において、経済社会条件に規定されて、地域住民が担わされて来た生活問題を、生活原則・権利原則・住民原則に立脚して、軽減除去し、または発止を予防し、労働者、地域住民の生活全般に関わる水準を保障し、より高めるための社会的施策と方法の総体であって、具体的には労働者・地域住民の生活権保障と個としての社会的自己実現を目的としている公私の制度・サービス体系と、地域福祉計画・地域組織化・住民運動を基礎要件とする。（強調は引用者）〔右田

一九七三〕

ここで地域福祉の要件を①「公私の制度・サービス体系」と②「地域福祉計画・地域組織化・住民運動」としていることからもわかるように[6]、右田の地域福祉概念のなかでも第一世代と同様、「地域組織化」と「在宅福祉」の契機が保持されている。ただ、初期の言葉でいえば「住民原則」や「住民運動」を、後の言葉でいえば「内発性」を地域福祉の不可欠な要素として強調したところに、右田の独自性がある。

自治型地域福祉を主張する人びとをここで「地域福祉の第二世代」と呼ぶならば、第二世代の地域福祉概念は、第一世代の概念に対して、自治の契機を付け加えたものであった。

自治型地域福祉が提唱されるようになる社会的背景には、高度成長末期における住民運動の高まり〔松原・似田貝 一九七六〕や、革新自治体の盛り上がりといった事実があった。しかし、自治型地域福祉が地域福祉概念のなかに持ち込んだものは、それ以上のものだったともいえる。それは、住民の主体性（activism）や自発性（voluntaryism）とでも呼ぶべきものであった。CO論のなかにおける住民は、コミュニティ・オーガナイザーによって組織の対象となる受動的存在としての性格を拭えなかったが、自治型地域福祉の理論は、地域住民を能動的存在としてとらえようとした。

したがって、自治型地域福祉の概念は、住民運動や革新自治体のような直接の言及対象を失ったあとでも生き延びることができたのである。日本の住民運動は高度成長が終焉し低成長時代に入るとともに、急速に沈静化していった。同様に、革新自治体の方も、急速にその数を減らしていった。しかし自治型地域福祉の概念は、その経験的準拠を新たに見出すことができた。八〇年代の後半から九〇年代の前半に注目されるようになった「住民参加型福祉」は、そうした経験的準拠の一つだったし、九〇年代になってから注目されるようになるボランティアやＮＰＯもそうした経験的準拠の一つであった。

このことは自治型地域福祉の概念が「住民参加型福祉」とコインの裏表の関係にあることを意味するが、それと同時に、「住民参加型福祉」の方も、在宅福祉サービスの単なる供給形態の一つとしてではなくて、もう少し広い文脈のなかで考えられるべきであることを意味している。それは、日本における市民社会の生成とでも呼びうるような社会変動の一環であり、阪神淡路大震災の直後の「ボランティア元年」や、ＮＰＯ法へと結実していくような主体性や自発性のうねりの一環である。

牧里〔一九八四〕は、自治型地域福祉の概念を、第一世代の機能的アプローチに対比させて、構造的アプローチに基づく構造的概念と呼んでいる。もちろん、両者のアプローチの違いが、地域福祉概念におけるそれぞれの強調点の違いを生んだという事実は否定しえないが、それ以上に重要なことは、自治型地域福祉が、意図した結果か意図せざる結果かは別として、主体性や自発性という点において、地域福祉概念の拡張を行ったという事実である。

これ以後、地域福祉について考える場合には、地域組織化や在宅福祉に加えて、住民の主体性や自発性を体現した「住民参加」の契機が不可欠なものとなる。地域福祉の概念は、住民参加を欠いた地域福祉というものが、そもそも概念として成立しえないという地点にまで到達したのである。社会福祉法の一〇七条と一〇八条のなかでも、住民参加は、策定過程への参加、および福祉活動への参加の双方の点において、地域福祉計画・地域福祉支援計画の必須事項となっている。

利用者主体性による第二の拡張

地域福祉計画段階の地域福祉は、以上のような地域福祉概念の生成史を踏まえたところに成立するわけだが、この段階における地域福祉の概念には、さらに新しい要素が付け加えられるようになったと考えることができる。それは「利用者主体」とでも呼びうるものである。「利用者主体」という呼称は、「地域組織化」「在宅福祉」「住民参加」などと同程度に定着した表現ではないが、社会福祉における九〇年代後半の動きに共通するものの総称としては、他に適切な呼称が見当たらないので、ここではこの用語を採用しておく。

ここでいう「利用者主体」には、大きく分けると、以下の二つの側面がある。

- 契約の主体
- エンパワーメント（主体化）

措置から契約へという視座の転換のなかで語られたことは、福祉サービスの利用者を、措置の客体としてではなく、契約の主体として扱うということであった。措置から契約へ転換すると、現実には、サービスの水準の低下が生じるかもしれないといった懸念が出されたことはあったが、少なくとも理念としては、そうである。

これはコンシューマリズム（消費者重視）と呼ばれてきた考え方とも共通する。市場原理主義に対する反発もあって、福祉サービスにおける市場の役割については、警戒的な見方も多い。しかし、市場は、サービスや労働を商品化する一方で、いわゆる「専門家支配」〔Freidson 1970〕の問題を解決するという効果もある。介護保険の導入によって準市場的状況の創出を図ったのも、少なくとも理念のレベルにおいては、こうした考え方があるからだろう。

とはいえ、消費者が市場において主権を発揮しうるのは、購買力をもち、意思決定の能力をもった消費者として市場に登場する限りにおいてのことである。このためコンシューマリズムには、おのずと限界がある。このため消費者としての主権を発揮しえないような弱い立場にある人びとのエンパワーメントが重要となってくる。今日、この考え方が、ソーシャルワークにおける鍵である。これは、措置から契約への転換によって、権利擁護が政策上の課題となってくることとも対応する。

地域福祉計画の段階、あるいは地域福祉が主流化する段階における地域福祉概念のなかには、九〇年代において生成されてきた、これらのコンシューマリズム、エンパワーメントといった

「利用者主体」の諸要素も含まれているとみなされるべきであろう。

5　結びに代えて

日本の地域福祉の歴史のなかで、地域福祉概念の内包が変化してきた経緯を確認した。当初、「地域組織化」と「在宅福祉」という二つの契機から成り立っていた日本の地域福祉の概念は、「自治型地域福祉」が提唱されるに及んで、第一の拡張を経験した。このときから地域福祉の概念のなかには、自治、住民参加、主体性、自発性などの要素が組み込まれた。さらに、社会福祉基礎構造改革をへて地域福祉計画の段階に至る過程で、地域福祉のなかには利用者本位、利用者主体、コンシューマリズム、エンパワーメントなどの要素も組み込まれるようになった。言い換えると、地域福祉が主流化する段階の地域福祉概念は、以上の四つの契機から構成されていなければならない。

地域福祉概念の転換

この点が本章の結論である。しかしそういっただけでは不十分である。というのは、日本の地域福祉の三〇年有余の歳月のなかで、それぞれの要素が環境の変化に対応して不断の変化を遂げてきたからである。

第一に、地域組織化についてみると、かつてはコミュニティ・オーガニゼーション（CO）というい方が盛んにされたが、今日では、それが廃れたとはいわないまでも、以前のようには使われなくなった。代わって使われるようになったのは、コミュニティワーク、あるいはコミュニティ・ソーシャルワークである。

コミュニティ・オーガニゼーションからコミュニティ・ソーシャルワークへの転換の主唱者である大橋謙策によると、COは「抽象的・外延的援助のための地域住民の組織化や、大多数の地域住民の共通関心事の解決には取り組んできたが、地域で個別生活課題を抱えながら、地域自立生活を望んでいた人々への個別援助とそれを支えるソーシャル・サポート・ネットワークづくりと個別具体的に展開するという実践は弱かった」ところから、今後の地域福祉は地域を基盤にしたソーシャルワーク実践に立脚するコミュニティ・ソーシャルワークの方法論に立脚すべきであるという〔大橋 二〇〇一：二八、九〕。

要するに、COは個別的な問題を見落としがちだったので、今後は、地域に基盤を置きながらも個別的な生活課題も視野に入れたソーシャルワークの取り組みが重要になってくるということであろう。

第二に、在宅福祉についても、従来のように施設福祉と在宅福祉を対比させる思考法はあまり採用されなくなってきており、地域に基礎を置きながら在宅福祉・施設福祉を含む各種サービスを有機的に結びつけていくべきとの考えが強くなっている。

日本語として適切な表現とは思われないが、しばしば「地域トータルケアシステム」といったいい方がされる。地域福祉の教科書では、地域トータルケアシステムのことを「社会的な努力によって、意図的、組織的につくられた、人々の多様なニーズに対応して、総合的にサービスを提供する仕組み（システム）」と定義している〔福祉士養成講座編集委員会 二〇〇一：九一〕。

抽象的でややわかりにくいが、次の例示によってこのシステムをイメージすることができる。すなわち「……身近な総合相談窓口、二四時間の対応ができる在宅介護支援センター、二四時間対応の看護・介護の訪問サービスが受けられる訪問看護ステーションやヘルパーステーション、救急時対応する往診医や入院施設、障害者や高齢者の参加や活動を促進し、介護家族の自己実現を促し、在宅介護を豊かにするための通所施設や入所施設、……」〔福祉士養成講座編集委員会 二〇〇一：九一〕。要するに、地域のなかでケアを受けられる仕組みということであり、ここではもはや在宅福祉・通所施設・入所施設の区別は意味がなくなっているのである。(7)

第三に、住民参加型福祉や自治型地域福祉についても、本章で言及したように、それぞれが提唱された時代に固有の事情は、時間の経過とともに次第に薄れてきた。例えば、介護保険が定着した現在、有償ボランティアといういい方はあまりされなくなってきた。むしろNPOが介護保険の事業者として活動したり、制度的な枠組みとは別に地域福祉活動を行ったりするということの方が一般的である。また七〇年代のような形での住民運動も現在ではあまりみられなくなっている。とはいえ地域住民の主体性や自発性が消失したということでなく、別の形で存在しているのである。ローカル・ガバナンスが鍵概念になるのはそのためであるし、地域における住民参加のフロンティアもこの一〇年の間に拡大されてきたのである。

とはいえ第四の利用者主体に関しては、まだ導入されたばかりで、地域組織化、在宅福祉、住民参加型福祉にみられたようなとくに大きな意味の変化はみられない。

地域福祉計画の段階の地域福祉の概念は、従来のものと以上のような点で連続と非連続がある。

地域福祉の当事者の変化

本章を終えるにあたって最後に述べておきたいことは、地域福祉が主流化したことによって、地域福祉の当事者も大きく変化したということである。これまではどちらかというと行政が社会福祉を担当し、社会福祉協議会が地域福祉を担当するといったような分業関係を暗黙のうちに想定することが多かったと思われる。地域福祉のスポンサーが社協だったというこれまでの歴史を考えれば、これはある意味で当然のことかもしれない。しかし、地域福祉が主流化する時代というのは、ある意味では、地域福祉が社協の手から離れる時代でもある。社会福祉法によって地域福祉計画が行政計画として策定されるようになったということは、地方自治体も地域福祉の当事者となったことを意味する。そして何よりも地域社会のなかでは、社協はもちろん社協以外の団体や個人も地域福祉と関係してくるのである。したがって、これからの地域福祉は右のような分業関係として考えることができない。むしろ自治体をはじめ地域社会を構成する団体や個人のすべてが、地域福祉の当事者であると考えていかなければならないのである。

（二〇〇二年六月）

（1）本章は、二〇〇二年六月の第一六回日本地域福祉学会大会での報告に基づいている。

（2）一九五七年に全国社会福祉協議会は、地域組織推進委員会を設置し、「市区町村社会福祉協議会当面の活動方針」を制定した。このなかで社会福祉協議会の活動の目標は「地域における福祉の欠ける状態の克服」に置かれた。さらに一九六二年の「社会福祉協議会基本要項」のなかでは、住民主体の地域組織化活動の推進が強調された。

（3）「在宅福祉」の適切な英語表現が見当たらないという事情がこの点をよく物語っている。英語のコミュニティケアは「在宅福祉」より広い意味合いをもっており、後者を前者に単純には置き換えることはできない。英語のなかでは、home-delivery services, domiciliary services, home care などの表現が日本の在宅福祉サービスに近いと思われるが、これらの英語表現は非常に技術的なものであり、「在宅福祉」が日本語のなかに占めるような象徴的な意味合いは有していないように思われる。

（4）この点は、日本の学問は欧米からの輸入学問である、といった一般的な説明によっては正当化されない。他の分野の学問が輸入から出発しながら、海外の概念を日本語化して定着させることに並々ならぬ努力を払ってきたのに対して、日本の社会福祉学は、そうした努力を怠り、カタカナ語を多用するという安易な道を選択した、という批判を免れないだろう。福祉は人びとの日常生活に直結した領域であるだけに、このことの罪は大きいといわなければならない。

社会福祉学者は、「介護が必要である」といえば済むことを、「ホームヘルパーのニーズがある」ということによって、社会福祉を一般の人びとから取り上げることに貢献してきたといえなくもない。「ホームヘルパーのニーズがある」という表現は、日常語としてわかりにくい、といった点に加えて、さらに二つの問題点をはらんでいる。一つは、ホームヘルパーはホームヘルプに比べて英語では用いられることが少ない言葉であり、ホームヘルパーということによってホームヘルプのなかに含まれるケアに関する豊富な内容のうちの身体介護の部分が過度に強調される結果になったという点である。他の一つは、ニーズという言葉を用いることによって、社会福祉における必要の意味が、ビジネスやマーケティングのなかで用いられ、一般にはこちらの方が定着している「ニーズ」の意味に引きずられてしまうという点である。言語論的転回以後、社会福祉の世界において、ニーズと発話することは犯罪である、といったら過言であろうか。

（5）なお杉岡は地域福祉の英訳の可能性として、community development, community care, community work, community welfare, community-based social services といった例をあげているが〔杉岡 二〇〇一：三〇〕、私は community-based welfare というのが、日本の地域福祉にいちばん近いのではないかと考えている。

（6）ただし、右田は、地域福祉を構成する要件を、後に、以下のように再整理している。

- 基本的要件（関連公共施策・地方分権化・行政機能の統合化）
- サービス要件（在宅サービス）
- 運営要件（地域福祉計画・福祉教育・地域福祉方法論）

（7）この点について、平野隆之は、次のように明快な整理を行っている。在宅福祉が政策理念となった時期は、デイサービスやショートステイがあったものの、高齢者ケアは施設か在宅かの二分法だったが、現在は、施設と在宅の間に地域という空間が形成され、多様なケア付き住宅や地域密着型サービスが提供されている〔平野 二〇〇六、図1・図2〕。

3 グローカリティと公共性の転換——コミュニティ形成から地域福祉へ

1 グローバル化とローカル化

今日の地域社会はグローバル化とローカル化という趨勢のなかにあり、このことによって既存の公共性概念の再検討が迫られている[1]。

グローバル化を、ここでは、資源と情報の国境を越えた移動が増加していき、これにともなって各国民国家のサブシステム同士が相互依存を強めていく過程と理解しておく〔武川 二〇〇二a〕。モノ・ヒト・カネといった資源の移動は今に始まったことではないから、グローバル化に対する懐疑論が存在する。しかし今日のグローバル化は、以下の諸点で、かつてのものと種差的に区別される〔武川 二〇〇二a、二〇〇二b〕。①資源、とりわけ、資本の移動の量と速度が、かつてない規模にまで達している。②IT革命によって、情報が瞬間的に移動し、その規模が事実上無制限となっている。③福祉国家という仕組みが存在している。

ローカル化について、ここでは、私たちの生活に関係する諸問題を解決するための決定や行為が、生活空間から遠く離れた場所ではなくて、身近な場所で行われるようになってくる過程と理解しておきたい。

フォーディズムの時代に成立した「福祉国民国家」の体制の下で、受胎から死亡に至る、私たちの日常生活の多くの局面は、ナショナルな水準の政府による、直接間接の監督の下に置かれた〔武川 二〇〇〇a〕。こうした人間の生に対する国民国家の画一主義的な管理が、今日柔軟な問題解決を妨げている。このため公共的な意思決定は国民国家の水準から地域社会の水準へと降りてこなければならなくなっている。

これらグローバル化とローカル化は一見相反するようにみえるが、脱ナショナル化という点で共通する。それだけではない。両者は、同じコインの両面のように密接に関わっている。このことを表現するため、「グローバルに考え、ローカルに行動する」（Think Global, Act Local）という言葉がしばしば発せられる。グローカライゼーションなる語が用いられることがある。こうした考え方が出てくる背景には、グローバル化とローカル化が、何の関連ももたない二つの別個の趨勢ではなくて、グローバルとローカルが融合しつつある、といった認識がある。

サスキア・サッセンは、グローバル化した都市は、ナショナルな空間の下位空間ではなくグローバルな空間の一部である、ということを明らかにした〔Sassen 1988〕が、ベックは、彼女のこの指摘に言及しながら、最近の「コスモポリタン宣言」という論文のなかで、グローバル化について、「どこか離れたところで起こっているのではなく、まさにここで起こっている」現象だと述べている〔ベック 二〇〇二：一九〕。ベックは、同じ論文のなかで、「内的なグローバル化」という意味で、コスモポリタン化という概念を提起しているが、これは、グローバルとローカルの融合を示す好例である。

こうしたグローバルとローカルの融合は、今日、私たちが日々体験しているところである。スーパーマーケットやコンビニエンスストアに行けば、世界中の商品があふれている。世界中の映画館では同じ映画が上演され、世界中のCDショップで同じ音楽が売られている。マクドナルドやスターバックスは世界中に出店しているから、ロンドンの街を歩いているときでも、一瞬、東京にいるのではないかと錯覚に陥るほどである。また、インターネットの普及は、書斎や居間といった、本来、親密性の支配する空間をグローバルな空間へと直結させた。

このようにローカルな空間のなかにグローバルな空間が浸透してきて、両者が一体化しつつあるということが、「グローバルとローカルの融合」といった場合の一つの重要な側面である。しかし、両者の融合はそれだけで終わらない。そこにはもう一つの重要な側面がある。それは、ローカルな問題がグローバルな行動によってはじめて解決される、ということである。

2　グローカリズムの戦略

ウトロ

例えば、ここにウトロという問題がある。(2) ウトロは、京都府宇治市にある、在日韓国・朝鮮人の集落である。戦時中に、京都飛行場の建設工事をするために韓国・朝鮮人労働者が集められ、彼ら彼女らの飯場が工場敷地内に置かれた。敗戦と同時に、当然のことながら、工事は中止され、雇い主はいなくなった。彼ら彼女らは失業したが、そのまま、ここに住み続けた。

その後、工場の敷地の所有権は移転し、A社が登記簿上の所有者となった。この会社は、居住者たちが「不法占拠」しているとの理由から、宇治市が水道を敷設することを拒否した。このため、火事のときに、消火栓がないことから消火に手間取るという事件が発生したり、不適切な井戸水による集団赤痢が発生したりした。さすがに世論の批判に抗しきれず、A社は、宇治市による水道管の敷設に合意した。

しかし、その後、同社は土地を転売し、所有権が転々とした。一九八九年に、新たに所有者となったB社が、京都地裁で、ウトロ住民の「建物収去土地明け渡し」訴訟を起こした。一〇年以上の裁判の結果、二〇〇〇年一一月に、最高裁の上告棄却によって、住民の全員退去判決が確定した。つまり、日本の最高裁判所は、民法の厳格な解釈を、ウトロ住民の社会保障に優先したことになる。

ここで終われば、グローバルとローカルの融合ということにはならない。裁判闘争の完全な敗北である。ところが、ウトロの問題には、その先がある。

日本政府が調印・批准している国連人権規約A（社会権規約）の一一条では「居住の権利」が定められている。日本国憲法の二五条も「居住の権利」を含んでいると解釈することができるが、「居住の権利」についての明示的な言及はない。ところが、この社会権規約は、「居住の権利」について、一一条一項で、次のように記している。

「この規約の締約国は、自己及びその家族のための相当な（adequate）食糧、衣類及び住居を内容とする相当な生活水準についての並びに生活条件の不断の改善についてのすべての者の権利を認める。締約国は、この権利の実現を確保するために適当な措置をとり、このためには、自由な合意に基づく国際協力が極めて重要であることを認める。」

また、この条文に関する社会権委員会の「一般意見」（全員一致の解釈）では、「相当な」住居を保障するための重要な条件の一つは、「占有の保障」（security of tenure）となっている。そして、この一般意見は、「占有の保障」について、「締結国は自ら強制退去を控え、かつ強制退去を行う業者又は第三者に対して法が執行されることを確保しなければならない」と定めている。したがって最高裁による上告棄却の決定は、この社会権規約に関する一般意見に違反していることになる。

そこで、ウトロの住民たちは、戦いの場を、国連の社会権委員会に変えた。二〇〇一年は、日本政府が国連に対して、社会権規約の実施状況についての第二回報告書を提出して審査を受ける年に当たり、外務省は国連に報告書を提出した。ウトロ住民はこれに対して、カウンター・レポートを提出した。国連の審査では、誰でも政府の報告書にカウンター・レポートを出すことができることとなっており、政府以外のレポートも十分な検討の俎上に載せられる。日本からは、日本住宅会議などのＮＧＯが、ウトロ問題を取り上げたカウンター・レポートをジュネーブでの審査に提出した。

国連の社会権委員会は、審査の結果、二〇〇一年八月、日本政府に対して最終意見書を示した。そのなかで、阪神淡路大震災の被災者をはじめ、「居住の権利」に対する侵害の実態が指摘されている。ウトロ集落については、「強制立ち退き」の判決が、強く批判されている。弁護士の熊野勝之は、社会権委員会での審査の顛末について、次のように述べている。

「簡単な書面審査だけで理由も書かない仮処分決定で強制立ち退きを命じ、事実上執行停止が認められないために、住居が解体され上訴を無意味にしてしまう仮処分手続は規約違反であるとの指摘がなされました。委員会が今回の勧告で規約違反と言い切ったのはこの箇所だけです。」〔熊野 二〇〇二：三三―四〕

日本国憲法は、「日本国が締結した条約及び確立された国際法規は、これを誠実に遵守することを必要とする」（九八条二項）と定めているから、今後、裁判所も「居住の権利」に関する国連の勧告をまったく無視することはできないだろう。「強制立ち退き」の取消には成功していないが、ウトロの人びとの運動が一定の成果をあげたことはまちがいない。

沖縄と東京

ウトロの問題はローカルな空間で生じた問題である。もちろん歴史的前提にまで遡れば帝国主義や植民地支配といったグローバルな現象に突き当たる。しかし、直近の時点では、ローカルな空間で生じた、まさに地域社会の問題である。地域で生じたローカルな問題が、最高裁判所というナショナルな場では解決できなくて、国連というグローバルな場で解決が試みられたところにその特徴がある。

ウトロの事例は、地域住民がナショナルを飛び越してグローバルにまで辿り着いたことを意味するが、これと似た事例は、他にもみいだすことができる。

例えば、一九九八年に、沖縄県のとった行動がそれである。米軍基地の多数が集中する沖縄県は、一九九六年、「基地のない沖縄」を究極の目標として掲げ、米軍基地の全面返還を求めるアクションプログラムを国に示した。その背景には、一九九五年五月、米軍兵士による少女暴行事件をきっかけとして盛り上がった県民の反基地感情があった。しかし日米間の安全保障協力を重視する国は、このプランに困惑し、その実現に消極的姿勢を示した。これに満足しない県は、知事みずからが訪米して米国政府と直接交渉する方針に転じた。大田昌秀知事は、一九九八年五月一五日、本土復帰二六周年の記念日にあわせて訪米し、米国政府高官に米軍基地の整理縮小を訴えた。東京都もまた基地問題を抱えていた。一九九九年四月の都知事選挙では、横田基地の返還が争点の一つとなり、基地の返還と軍民共同空港化を公約として掲げた石原慎太郎候補が当選を果たした。しかし、この問題に対する国の態度は、当時の防衛庁長官が「横田基地の返還は毛頭考えていない」〔朝日新聞、一九九九・四・一三〕と語っていることからもわかるように、冷ややかなものだった。このため石原知事も米国政府との直接交渉を試みた。同知事は、当選直後の米大使との会談のなかで持論を展開するとともに、二〇〇二年一〇月にはみずから訪米し、国務省高官との会談のなかで、横田基地の返還を求めた。

沖縄と東京とでは、同じ基地問題といっても、その性質はまったく異なる。また、大田昌秀と石原慎太郎とでは、その政治イデオロギーも支持基盤もまったく異なる。一方が戦後民主主義的な政治主張を行いながら伝統的な革新勢力によって支えられていたのに対して、他方は、保守的・ナショナリズム的な主張を行うポピュリスト政治家としての面をもっていた。しかし地方公共団体が国の頭越しに問題解決を図った、という点で両者は共通していた。

両事例の成果が芳しいものでなかったことも事実である。沖縄県の場合、知事との会談に臨んだキャンベル国防次官補代理は「沖縄が負担をともなわず要請するだけでは基地返還の実行は難しい」〔朝日新聞、一九九八・五・一九〕と述べ、「沖縄県知事の米政府への要請行動は不発のまま終わった」〔同、五・二三〕。東京都の場合も、訪米した知事との会談に臨んだアーミテージ国務副長官は「これまで同様、これは日米両国政府間で議論されるべき問題だ」と語っており〔朝日新聞、二〇〇二・一〇・九〕、訪米の具体的成果があがったとはいえない。

しかし、二つの事例が、外交は国と国とが行うべきものであるという、国民国家システムにおける「常識」から逸脱していることは否定しがたい。また、ナショナルな空間を経由しない、ローカルな空間とグローバルな空間との結びつきが、いまや、経済や文化の領域だけでなく、政治の領域でも生まれつつあることを示している。沖縄・東京だけでなく、ウトロも含めて、このようなローカルな空間における問題をナショナルな空間ではなくグローバルな空間において解決しようとする企てを、ここでは「グローカリズムの戦略」と呼ぶことにする。

3　グローカリティの生成

グローバルとローカルの弁証法

ウトロ、沖縄、東京に共通するグローカリズムの戦略は、社会問題や社会政策の領域において、グローバルとローカルの融合が生じていることの徴候であるが、この戦略の存在が、そうした融合のすべてが語り尽くしているわけではない。問題の全体を把握するため、これらの事例から離れて、この戦略を一般的な枠組みのなかに位置づけてみる必要がある。

表3-1は、そのための試みである。表頭は、グローバルとローカルの往復運動（dialectic）におけるベクトルの方向を示し、ここでは、グローバル↓ローカルと、ローカル↓グローバルが区別される。表側は、各ベクトルにおける問題の生成と解決という二つの相を区別する。社会構造との関連でみると、この区別のうち前者が構造化の契機を示し、後者が主体化の契機を示す。

この表を前提とするならば、グローバルとローカルの弁証法には、次の四つの相が存在することになる。

表3-1　グローバルとローカルの往復運動＝弁証法

融合の契機＼融合のベクトル	グローバル↓ローカル	グローバル↑ローカル
構造化(問題生成)	Ⅰ	Ⅲ
主体化(問題解決)	Ⅳ	Ⅱ

Ⅰ　グローバルがローカルな空間に表出する。
Ⅱ　ローカルな問題をグローバルの水準で解決する。
Ⅲ　ローカルがグローバルな空間に表出する。
Ⅳ　グローバルな問題をローカルの水準で解決する。

前節で示したグローカリズムの戦略は、これらのなかのⅡに属する事象であるが、グローバルとローカルの融合を示す事象は、Ⅱ以外にも存在することを表3-1は示している。例えば、グローカリズムの戦略の前提となるローカルな問題が、そもそもグローバルな空間における出来事によって引き起こされることがある（Ⅰ）。

かつての地域における外生的諸問題の多くは、国民国家というナショナルな空間が、地域社会というローカルな空間に浸透することによって生じたものである。全総や新全総といった国家計画に基づく地域開発が、突然、地域住民の生活を直撃し、生活防衛的な住民運動が生じる、といった事例が一九七〇年代以前の日本では少なくなかった。「国家的公共性」なる概念が影響力をもったのはこのためである(3)。

ところが今日では、ナショナルならぬグローバルな空間がローカルな空間のなかに直接表出し、これによって地域社会における諸問題が発生する(4)。グローバル資本主義の下では、国境を越えた資本の移動に対する制約の多くが取り払われる。各国政府は、国内政策に関する裁量権を失いつつある〔武川 二〇〇二b〕。このため多国籍企業や超国家企業の経営戦略が、地域経済に直接的な影響を及ぼすようになる。

以上のⅠ→Ⅱ→Ⅰ→Ⅱ……という系列の往復運動は「ローカルな社会問題」を機軸に進行する。これに対して、「グローバルな社会問題」〔武川 二〇〇二b：五九二〕を機軸に進行する、Ⅲ→Ⅳ→Ⅲ→Ⅳ……という系列の往復運動も存在する。

グローバルな社会問題とは、その影響がどこかの国やどこかの地域に限られた問題ではなく、その影響が全人類に及ぶ問題である。また、労働問題などの古典的な社会問題とは異なり、その解決が国民国家の能力の限界を超える。地球環境問題はその典型例であろう。単なる環境問題ではなくて地球環境問題という呼称が好まれるのは、この問題のグローバルな性格による。

しかし、グローバルな社会問題は、グローバルな空間のなかで、何もないところから突然生まれてくるわけではない。グローバルな社会問題といえども、それは、自動車の利用が地球温暖化の原因として無視することができないように、ローカルな水準における諸実践が集積された結果である。そこにはローカルからグローバルへの構造化の契機が存在する（Ⅲ）。

このことはまた、この問題の解決が、ローカルな場における私たちの諸実践によって可能となることを意味する。Ⅰ↓Ⅱ↓Ⅰ↓Ⅱ……の系列とは異なり、グローバルな問題がローカルな場で解決される。そこにはグローバル↓ローカルという主体化の契機が存在する。「グローバルに考え、ローカルに行動する」というスローガンは、まさにその可能性を追求したものであろう。

以上のように、今日では、ますます多くのグローバルな問題がローカルな要因によって引き起こされ、ますます多くのローカルな問題がグローバルな要因によって引き起こされる。反対に、グローバルな問題がローカルな場で解決され、ローカルな問題がグローバルな場で解決される可能性が拓かれつつある。また、このようなグローバルとローカルとの融合の結果、社会問題と社会政策におけるナショナルの役割が相対的に小さくなりつつある。要約すると、社会問題と社会政策におけるグローカリティが生成されつつある。

社会政策の新たな課題

ところで、以上のようなグローバルとローカルの往復運動＝弁証法のなかで、今日の社会政策は、グローバル、ナショナル、ローカルのそれぞれの水準で、新たな課題を突きつけられているように思われる〔武川 二〇〇〇b〕。それらを給付の側面と規制の側面から、図式的に整理したものが表**3-2**である。[5]

グローバルな水準における今日的な課題は、グローバルな社会政策の確立である。国境を越えた資本の自由な移動のため、各国政府は自国の社会政策を制御することがますます困難となりつつある。グローバル資本主義の「標準」から逸脱した政策は、国内政策といえども失敗する。こうした事態を打開するためには、グローバルな社会政策の確立が不可欠である。

こうしたグローバルな社会政策を、私は、グローバル資本主義を助長する「グローバリズムの社会政策」から区別するため、「コスモポリタニズムの社会政策」と呼んでいる〔武川 二〇〇二b〕。そのための出発点としては、①自由貿易ルールのなかへの社会条項の挿入、②国際人権規約やＩＬ

表3-2　グローカル化のなかの社会政策

	給付	規制
グローバル	グローバルな社会政策	
ナショナル	「少子高齢化」	機会均等政策
ローカル	地域福祉	

Ｏ条約のような社会政策に関する条約の推進、③国民国家を超えた地域（region）における共通社会政策の策定などが考えられる。[6]

ナショナルな水準における今日的課題は「少子高齢化」と機会均等政策である。財政制約のなかで、一般には、前者に関する危機意識が濃厚である。もちろんそれはそれとして重要であるが、ここでとりわけ注意を払うべきは、機会均等政策の方である。日本はＯＥＣＤ諸国のなかでも男女間の賃金格差が著しい国として有名であるが、これは機会均等政策の不徹底によるところが大きい。年齢差別や障害者差別に関する規制政策に関しては、それが問題としてすら認識されていないのが現状である。グローバルとローカルの融合によって脱ナショナル化が進んでいったとしても、機会均等に関する規制政策の充実は、ナショナルな水準における公共政策として今後も期待される。

ローカルな水準における今日的課題は、「コミュニティに基盤を置いた社会政策」（Community-Based Social Policy）、あるいは「地域福祉」の確立である。地域福祉は「地域における社会福祉」という以上の意味合いをもっている。ローカル化の文脈のなかで考えるならば、それは、地域社会におけるガバナンスの確立の問題であり〔武川 二〇〇二c〕、社会政策研究の文脈のなかで考えるならば、福祉国家と福祉社会の協働が試される場である〔武川 二〇〇〇b〕。

以下では、グローカル化のなかでの社会政策の課題のうち、「コミュニティに基盤を置いた社会政策」の確立に焦点をあて、地域福祉についての現在の公共政策の側の動きを示しながら、それが、「公共性の転換」[7]と、そのことが地域社会学にとってもつ意味について考えてみたい。

4　地域福祉の主流化

地域福祉の主流化とその背景

地域福祉をめぐる公共政策の重要な転換点は、二〇〇〇年の社会福祉法の成立である。

この法改正が社会福祉の領域で重要なのは、同法によって、戦後半世紀の間続いた社会福祉行政の基本枠組みが大きく変化したからである。この点は、老人福祉の相当部分を老人福祉法から介護保険法へ移管した介護保険法の成立とも軌を一にする。

他方、社会福祉法は、地域社会学にとっても重要な意味をもっている。というのは、同法によって、地域福祉が法律上の文言として初めて明記されたからである。前章で論じたように一九九〇年の福祉関係八法改正時、社会事業法では「地域において必要な福祉サービス」という表現が採用されていたが、今回の社会福祉法では、同法の目的が「地域福祉の推進」として、より直接的に表現されている。しかも、同法では、地域福祉という言葉が頻出する。

社会福祉法以前、地域福祉は法律上の概念として存在していなかったわけであるから、同法における地域福祉の頻出（表4-2を参照）は、日本の社会福祉において何か根本的な変化があったことを示唆する。今後、地域福祉は、社会福祉の単なる一分野ではなく、社会福祉を考えるさいの準拠枠とならざるをえないだろう。その意味で、これは「地域福祉の主流化」である。

このような「地域福祉の主流化」は二〇〇〇年に突然生じたわけではない。そこに至るまでに、地域福祉の制度化へ向けての、短くはない戦後日本の社会福祉の歴史がある（2章参照）。ある時代には、地域組織（Community Organization）が強調され、また、別の時代には、在宅福祉サービスが強調された。「自治型地域福祉」や「住民参加型福祉」が注目されたこともある。これらすべての帰結が、二〇〇〇年における社会福祉法の成立につながったのである。(8)

また、このような変化が、二〇世紀の後半世紀における日本の地域社会の以下のような変化に呼応するものであったことはまちがいない。この点を再確認しておこう。

第三四半期の日本は高度経済成長期にあたり、急激な工業化と都市化を経験した。地域社会では、急速な人口移動の結果、過密と過疎の問題が生じた。農村は人口流出によって伝統的な共同体が解体した。匿名性の支配する都市では、全国各地からやってきた互いに未知の住民が新たなコミュニティを求めていた。このため当時の地域政策の課題は「コミュニティ形成」であった。

ところが第四四半期とりわけ一九八〇年代以降の日本は、産業構造の転換をへてポスト工業化の時代に入る。地域社会は定住化の様相を強め、地域における社会変動の主たる要因がいまや人口の移動から高齢化へと転じる。これにともない農村に残してきた老親の介護や都市でともに老いた配偶者の介護が急速に社会問題化する。

このため八〇年代から九〇年代にかけての地域政策の課題は、コミュニティ形成もさることながら、介護の不安を解消することへと変化した。介護は場合によっては、失業、貧困、家族解体を意味することがあったから、この問題を解決できなければ、そもそも地域社会の成立が危ぶまれる。このため地域医療や地域福祉が地域政策のスローガンとして登場する(9)。

以上が、地域福祉の主流化の背景である。このようなコミュニティ形成から地域福祉へという地域政策の変化は、地域社会学にとって、どのような意味をもっているだろうか。

強い市民と弱い市民

第三四半期の地域政策は「コミュニティ形成」だと述べたが、七〇年代には、経済企画庁をはじめ多くの省庁が、コミュニティ形成をシンボルとして掲げた政策を打ち出していた〔松原 一九七八：一六三―一九〇〕。それらの基本的な考え方は、一九七四年に、国民生活審議会がまとめた『コミュニティ――生活の場における人間性の回復』という報告書のなかに集約されている。

このコミュニティ形成という政策が策定されるにあたっては、当時の社会学者の影響が大きい。それらのなかでも、奥田〔一九七一〕のコミュニティ理論は、現在でも取り上げる意味がある。というのは、地域福祉学者の岡村重夫が彼の理論を高く評価したこともあって、現在でも地域福祉学者の間では奥田理論が大きな影響力をもっているからである。標準的な地域福祉の教科書は、奥田理論について相当なページ数を割いている。

奥田理論によると、高度成長によって、主体的だが特殊的な「地域共同体」が崩壊した。このあとの地域社会の再編は伝統型アノミーモデルや個我モデルに陥ることなく、「普遍的価値意識」と「主体的行動体系」に準拠した「コミュニティ・モデル」が模索されることになる。これは時代の要請に合致した理論だった。

奥田理論的な世界は、国民生活審議会の報告のなかにも表れている。この報告が「コミュニティ形成の方法」について述べた箇所は、「住民相互間の交流と相互信頼、住民参加、市民意識などの社会的水準の充実が大切」となっている。ここで前提されるコミュニティの市民はまさに主体的であり普遍的である。しかしそこに陥穽がある。コミュニティ形成における市民は、通勤し、買い物に出かけ、地域活動に積極的に参加するものと思われるが、彼ら彼女らは、健康で心身ともに自立し、経済的にも独立した男女である。そこには病気や障害をもった人は見当たらない。認知症の高齢者もいなければ、屋外生活の人びともいない。子どもへの虐待もなければ、ＤＶもない。無視しているわけではないだろうが、彼ら彼女らはほとんど視野に入っていない。

コミュニティ形成政策が作り出そうとしたコミュニティは、結局のところ、「弱い市民」を捨象した「強い市民」からのみ成り立つ市民社会であった。六〇年代末から、のちに「市民社会派」と呼ばれることになるマルクス経済学者たちの間で、「市民社会」というシンボルが多用されることになるが——平田清明の『市民社会と社会主義』が刊行されるのが一九六九年であった——、コミュニティ形成が前提とする市民は、こうした市民社会論が求める市民像とも合致する。市民社会派の「市民社会」は、社会主義によって止揚されることになるとはいえ、多分に理念的であり、抽象的であり、規範的であった。それは、欧米に市民社会の範を求める明治以来の日本に固有な一種セルフ・オリエンタリズム的な市民社会論の末裔である(10)。

これに対して、八〇年代における社会変動を経験した九〇年代以降の日本の地域社会に新たに登場する市民は一人暮らしの高齢者であったり、要介護の高齢者であったり、精神障害者であったり……と、「強い市民」とは異なる「弱い市民」である。また、阪神淡路大震災の経験から、似田貝〔二〇〇二〕が明らかにしたように、現実の地域社会に存在するのは「市民の複数性」である。[11]

コミュニティ形成から地域福祉へという地域福祉の主流化の背景には、弱い市民の存在や市民の複数性といった事態が横たわっている。これは、コミュニティ形成や奥田理論が前提とする「強い市民」がセルフ・オリエンタリズム的な虚構であったことを意味する。地域福祉の主流化以後になお奥田理論に固執することは自己矛盾的ですらある。

5 結び

グローバル化とローカル化のなかで、今日、日本の地域社会のおける公共性概念の再検討が迫られている、ということを冒頭で述べた。地域社会学や地域福祉学において、そうした再検討を遂行するためには、主として、以下の三つの視点が重要となってくることが、本章における試みによって明らかになったのではないかと思う。

第一は、グローカリティの視点である。地域社会におけるホームレスの人びとの居住は、社会権規約に定められた「居住の権利」の問題である。地域社会における子どもの虐待は、子どもの権利条約と無関係ではない。DVは北京女性会議（一九九五年）と相関する。これは、地域社会における公共性が、グローカリティの性格、ベックの言葉を借りると、コスモポリタン的な性格を帯びてくるということである。これはナショナルがバイパスされるという意味で、「国家的公共性」の通用する範囲を狭めることを含意する。

第二は、地域福祉の主流化という視点である。これはローカル化の一環であり、そこには少なくとも二つの側面がある。

一つは、地域社会における公共性を担保する公共政策のプライオリティが、コミュニティ形成から地域福祉へと変化したということである。これまでの地域社会は、すでに述べたように、学校教育・社会教育を問わず、教育を中心に動いていた。そこでは、小学校区や公民館が重要な意味をもつ。これからの地域社会は、在宅介護支援センターやデイセンターを中心に動いていくだろう。

他の一つは、コミュニティ形成が前提としていた「強い市民」という虚構が解体し、弱い市民の存在や市民の複数性といった事態が浮上してくるということである。これによって、公共性の担い手も大きく変わらざるをえない。住民参加のあり方も旧来型のものから脱しなければならなくなる。

第三は、ローカリティと身体性という視点である。これは上記二つの視点の帰結であり、従来のコミュニティ概念の再定義を迫る。

コミュニティは伝統的に地域性と共同性の二つによって定義されてきた〔園田 一九七八：五二－八〇〕。ところが今日の情報化によって地域性を前提としないようなコミュニティの意義が強調されている。このため「地図にないコミュニティ」〔Gumpert 1987〕の存在が注目されるようになる。また、サイバー空間では、毎晩、おびただしい数の人間が、大西洋の両岸でチャットを通じた交流を行っているという。ローカリティというものの意味が希薄化する事態が一方で進行している。

しかし他方で、地域福祉の主流化によって、私たち人間は身体をもった存在であることを改めて思い知らされる。マルクスのいわゆる「非有機的身体」は空間的な場所を超越することができるかもしれない。しかし、介護や看護を要する身体というのは、そこから超越することができるわけでなく、ローカリティから切り離すことができない。サイバー空間は現実の介護にとっては無力である。

このことが意味することは、身体というものを欠いた公共性は非常に空虚なものとならざるをえないということであり、コミュニティ概念において、地域性やローカリティが復権されなければならない、ということである。

（二〇〇二年五月）

(1) ここでいう既存の公共性概念とは「国家的公共性」と呼ばれるものや、その修正版である「公・共・私」の三分図式である。なお、グローバル化とローカル化の下での福祉国家の社会政策の変化については、小笠原・武川〔二〇〇二〕を参照。

(2) 以下、ウトロの事例に関する記述は、主として、斎藤〔二〇〇二〕と熊野〔二〇〇二〕に拠る。

(3) 今日でも、この種の問題が消えてなくなったわけではない。例えば、原子力発電所をめぐる地域紛争は、国民国家のエネルギー政策の存在を抜きにして考えられない。

(4) 上述の基地問題にもそうした側面がある。これらの問題は、日本の置かれた地政学的位置に由来するところがあり、日本政府の独自の判断による解決の可能性は著しく制限されたものとなっているからである。この点、原子力発電所の建設にともなう問題とは対照的である。安全保障に対してよりも、エネルギー政策に対しての方が中央政府による意思決定の自由度は大きい。

(5) ただし、この図式におけるローカル・ナショナル・グローバルは単純化しており、実際の関係は、グローバルとローカルの往復運動＝弁証法のところでみたように、もう少し入り組んでいる。

(6) コスモポリタニズムの社会政策は、（全人類に共通する）グローバルミニマムの部分と、それぞれの経済発展に応じて設定される国民所得比例の部分から成る二階建てシステム（two-tier system）として構想することができる〔武川 二〇〇二b：一四三–六〕。

(7) 本章は、もともと地域社会学会における報告に基づいて、『地域社会学会年報』の「『公共性』の転換と地域社会」に関する特集号に寄稿するために執筆された。

(8) 地域福祉は、前章で明らかにしたように、Community Care と Community Organization の影響を受けて成立した国産概念であり、これに直接対応する英語表現はない。また韓国でも地域福祉という言い方はされず、類似の内容を示すものとしては、「地域社会福祉」という表現が用いられる。

(9) 七〇年代の人びとは、学校に行って、子どもをとおして地域の人びとと交わり、公民館に行って、社会教育活動をつうじて、地域の人びとと交わった。その意味では、教育を基軸に地域が編成された。しかし九〇年代以降の人びとは、学童保育やデイセンターをとおして地域の人びとと交わるのである。その意味では、福祉を基軸として地域が編成される。

(10) その後、一時、市民という言葉がすたれ、これに対抗する意味合いで、住民という言葉が好まれるようになったのは、コミュニティ形成やそれに連なる市民社会論のなかに、オリエンタリズムの臭いを本能的に嗅ぎ取ってのことだったかもしれない。

(11) これにともなって市民社会論の方も、強い市民を前提としたセルフ・オリエンタリズムの市民社会論から、弱い市民を含むボランタリズムの市民社会論へと変わらざるをえないだろう。規範的なものから実在的なものへの変化が不可欠である。

第Ⅱ部

地域福祉計画の可能性

4　地域福祉計画の策定

1　社会福祉基礎構造改革と社会福祉法の成立

日本の社会福祉制度は、一九五一年に制定された社会福祉事業法によって大枠が定められ、この体制が約半世紀にわたって継続した。しかし、二〇世紀後半の五〇年の間に、日本社会は、工業化・ポスト工業化を経験し、家族、企業、地域などの社会構造は大きく変貌を遂げた。こうした社会変動に適応するため、一九九〇年代の後半に、社会福祉基礎構造改革が進められた。その結果、二〇〇〇年には、社会福祉事業法が改正され、その名称が変更された。新たな法律の名前は社会福祉法である。

この社会福祉法の成立へと至る社会福祉基礎構造改革には、大きく分けて、二つの特徴があった。一つは、しばしば「措置から契約へ」とスローガン的に語られた改革であり、これによって、社会福祉の対象となる人びとは、従来のように「行政処分の対象」ではなく、福祉サービスの利用者として扱われるようになった。他の一つは、「地域福祉」という考え方が社会福祉法のなかに導入され、「地域福祉の推進」が社会福祉法の重要な目的の一つとなったことである。

措置から契約へ

措置制度のもとで、福祉サービスは、行政機関の職務権限である措置権に基づいて、その内容が決定され、実際の給付が行われた。このため福祉サービスの利用者は、行政機関の一方的な行政処分から反射的な利益を受けるにすぎず、「権利の主体」とは見なされなかった。彼ら彼女らは、施設やサービス内容を選択することはできず、措置決定の前では沈黙を余儀なくされた。

もっとも、措置制度の実際の運用にあたっては、利用者の意向や選択が尊重されることも少なくなく、その意味では、事実上、利用者の「権利」が保障されるということもなくはなかった。しかし、それはあくまでも当該の行政機関の裁量の結果として、そうなったのであって、社会福祉事業法の基本的枠組みに由来するものではなかった。したがって、そうした「権利」が最後まで守られる保証はなかった。

こうした旧弊を改めるために、社会福祉基礎構造改革のなかで、措置制度は、原則として、利用制度に改められ、福祉サービスの提供は、利用者と提供者が対等な関係に立った契約に基づいて行われることが求められた。このように、福祉サービスの利用者を契約の当事者として扱うということは、福祉サービスのなかに「利用者主体」の考え方の確立を図ろうというものである。

こうした考え方は、社会福祉の世界では、しばしば「コンシューマリズム」や「エンパワーメント」と呼ばれる。

また、措置から契約へという変更に付随して、社会福祉基礎構造改革のなかでは、表4-1のような改正がなされていた。

これらは、「選択の自由」や「競争原理」など市場メカニズムの利点を、社会福祉の世界に導入しようとするものであるが、市場ないし準市場的な仕組みが、福祉サービスのなかでは、恩恵主義や温情主義を脱して、「利用者主体」を確立するうえで役立つと考えられたからである。もっとも、市場メカニズムの暴走によって利用者の権利が損なわれることがないように、消費者保護・利用者保護のためのルールづくりは不可欠である。

表4-1　社会福祉基礎構造改革の内容

- 利用者保護制度の創設
- 福祉専門職の教育課程の見直し
- 社会福祉事業の拡充
- 社会福祉法人に対する規制緩和
- 社会福祉法人の情報開示
- 事業主体の多元化

地域福祉の重視

さて、こうした「利用者主体」の考え方に加えて、社会福祉基礎構造改革では、「地域福祉の推進」が強調されている。

「地域福祉」は、アメリカのコミュニティ・オーガニゼーションとイギリスのコミュニティケアの影響を受けながらも、わが国で独自に発達してきた社会福祉の考え方である（2章参照）。この言葉は、すでに、社会福祉の研究者の間で多く用いられ、全国の社会福祉協議会や地方自治体

表 4－2　社会福祉法における地域福祉への言及

- 地域福祉（「地域における社会福祉」）の推進が同法の目的の一つとなった（１条）。
- 地域住民、社会福祉の事業者、社会福祉に関する活動を行う者は「地域福祉の推進に努めなければならな」くなった（４条）。
- 「地域福祉の推進」に関する章が設けられた（第10章）。
- 地区社協、市町村社協、都道府県社協に法的な位置づけが与えられるとともに、社協を「地域福祉の推進を図ることを目的とする団体」と規定した（109条～111条）。
- 共同募金の目的に、「その区域内における地域福祉の推進を図るため」との規定が加わった（112条）。
- 市町村地域福祉計画に関する条文が加わった（107条）。
- 都道府県地域福祉支援計画に関する条文が加わった（108条）。

などでも定着していたが、今回の社会福祉法の成立に至るまで、法律による定めはなかった。

これに対し、社会福祉法は、その一条で、「地域における社会福祉」のことを「地域福祉」と規定するとともに、「地域福祉の推進を図る」ことをこの法律の目的であると明言した。地域福祉に関連した社会福祉法の主な改正点は、**表４－２**のとおりである。

従来、社会福祉関係の法律のなかに、「地域福祉」という言葉は存在しなかったわけであるから、これら一連の改正は、日本の社会福祉に何か根本的な変化が起きたということを想像するに十分である。社会福祉法成立以後、日本の社会福祉は地域福祉を軸に展開することになるだろう。

社会福祉法によって、日本の地方自治体は、地域福祉を推進するための行政計画を策定することとなった。市町村が策定するのが「市町村地域福祉計画」であり、都道府県が策定するのが「都道府県地域福祉支援計画」である。これら二つの計画は、地方自治法が定める「基本構想」とは異なり、自治体の義務とはなっていない。しかし、社会福祉が地域福祉を軸に展開されることとなった現在、自治体が地域福祉計画を策定しないですます、ということは難しい。住民から社会福祉に不熱心だとのそしりを免れないからだ。

それでは、なぜ、二一世紀初頭のこの時点において、地域福祉が問題となったのだろうか。地域福祉計画を策定するうえでは、この点について理解しておくことが必要である。そうでないと、今日の時点において地域福祉計画を策定することの意義が不明確となり、おざなりな計画を作って終わる、ということになりかねないからである。

2　地域社会の変化と地域福祉

地域福祉計画の直接の背景は、社会福祉基礎構造改革と社会福祉法である。しかし、それらが地域福祉計画を主題化せざるをえなくなった背後には、日本の地域社会の変化が存在する。この変化を図式化すると、図4-1のようになるが、それは端的にいって、日本の地域社会が地域福祉を欠いてはそもそも存立しえなくなっている、ということである。

高度成長以前の日本社会は、圧倒的な農業社会だった。日本はアジアのなかではいち早く近代化し、第二次大戦以前において、すでに、工業を一定程度発達させていたが、産業の中心は農業であり、人口の大部分は農村で生活していた。農村は、都市部における工業労働者の供給源であるとともに、都市の過剰人口を受け入れるための緩衝装置でもあった。このため戦前の日本の工業化は、しばしば「出稼」型（大河内一男）と特徴づけられた。

このように、人口の大部分が暮らす農村部には、伝統的な村落共同体が存在し、都市部における労働力需要の調整を行っていたが、都市部では、自営業者中心の地域社会が成立し、それは、有力工場主や商店主のもとに、村落共同体的な性格を有していた。これが日本の地域社会の実態だった。

1960年代〜	1990年代〜
工業化	ポスト工業化
人口の移動	人口の高齢化
過密・過疎	定住化
共同体の解体	介護の「誕生」
コミュニティ形成政策	地域福祉政策

図 4－1　地域社会の変化

こうした地域社会のあり方に革命的変化をもたらしたのが、高度成長である。急激な工業化によって、日本の人口は農村から都市へと大規模な移動を繰り返し、日本は人口の大部分が都市で生活する都市型社会となった。一九六〇年代以降、人口の流出した農村部では伝統的な村落共同体が解体し、都市部では、人口の流入によって、旧来の町内会的共同体が立ちゆかなくなった。過疎化した農村でも、過密化した都市でも、新たなコミュニティの形成が地域政策の課題となった。

当時、日本の地域社会は、「ないないずくし」の状態であり（松下圭一）、学校や公民館や保健所や道路や公共交通をいかに整備するかということが、コミュニティ形成の前提となった。とくに教育の役割は大きく、全国の異なる地域からやって来た見ず知らずの人びとが互

これまでの地域福祉		これからの地域福祉
これまでの構成要素 ① 地域組織化 ② 在宅福祉 ③ 住民参加型福祉・自治型地域福祉	→	これからの構成要素 ①コミュニティ・ソーシャルワーク ② 地域トータルケアシステム ③ 住民の主体性・自発性 ④ 利用者中心・利用者主体性
分業の地域福祉 行政＝社会福祉 社協＝地域福祉	→	協働の地域福祉 公民協働の地域福祉 民民協働の地域福祉

図4－2　これまでの地域福祉とこれからの地域福祉

いに知り合いとなって、地域を形成していくうえで、小中学校の学校教育と公民館などの社会教育の役割が大きかった。

ところが人口移動が一段落し、産業構造が転換し始め、時代の趨勢が工業化からポスト工業化へと変化するにともない、日本の地域は再び大きな変化を経験した。一九八〇年代以降、日本では、人口の移動ではなく、定住化した人口の高齢化が、地域社会が直面化した課題だった。都市化し高齢化した社会のなかで、介護が社会問題として浮かび上がった。高齢化以前の社会で、介護は、例外的な問題だったが、いまや誰にでも起こりうる可能性のある問題となった。

このため、現在では、人びとが地域での生活を継続していくためには、地域医療や地域福祉の存在が不可欠の前提となっている。これは六〇年代や七〇年代以前には考えられなかった新しい事態である。とくに地域福祉は、身体的な自立だけの問題ではない。それは人びとが地域の構成員として地域社会へ参加するための条件でもある。高齢者は、デイセンターや在宅介護支援センターの存在によってはじめて地域社会とのかかわりをもつことができる。

地域福祉が地域社会成立の条件となっている現在、私たちは、地域福祉を抜きにして、地域社会のあり方を考えることはできない地点に立っているのである。

社会福祉法のなかでは、「地域福祉」は「地域における社会福祉」と規定されている。しかし、この法律が成立した事情や、地域福祉が脚光を浴びなければならなくなった背景のことを考えるならば、「地域福祉」を単に「地域における社会福祉」として理解するだけでは不十分であることはすでに2章で明らかにした。繰り返しになるが、まとめておくと次のようになる。社会福祉法の成立は、社会福祉事業法の半世紀の歴史を踏まえて行われたものであり、地域福祉という考え方のなかには、戦後約半世紀の社会福祉の歴史が流れ込んでいる。その意味で現在の地域福祉は、戦後日本の各時期に唱えられてきた社会福祉の理念の累積的複合体である。また、地域福祉の概念を構成する要素は時代の変化のなかで再編成されている（図4-2を参照）。現在の地域福祉の考えのなかには、2章で検討したように、コミュニティ・ソーシャルワーク、地域トータルケアシステム、住民の主体性や自発性、利用者中心の考え方といった視点が含まれており、地域福祉計画の策定にあたっても、これらの視点を欠くことができない。

3　地域福祉計画の背景としての総合化と分権化

市町村地域福祉計画と都道府県地域福祉支援計画は、地方自治体が策定する社会福祉に関する行政計画である。すなわち、これらの計画を規定する社会福祉法の一〇七条と一〇八条は、現代日本における地方自治の動向や社会福祉の動向のなかで理解されなければならない、ということである。前者の動向として最も重要なものの一つが地方分権化であり、後者の動向として最も重要なのが社会福祉基礎構造改革である。

地域福祉計画・支援計画に関する法律上の規定は大枠を示すだけのものであるから、実際の計画を策定していくうえでは、計画の内容、策定方法、圏域、市町村と都道府県との関係などの点で、いろいろと疑問が生じてくることがある。それらの疑問は、地方分権や基礎構造改革の趣旨に立ち返ることによって解消することができる。

総　合　化

社会福祉法に地域福祉計画が規定されるに先立って、中央社会福祉審議会は、社会福祉基礎構造改革のなかで、地域福祉計画の導入について次のような提案を行っている。

「現在、老人、障害者、児童といった対象者ごとに策定されている計画を統合し、都道府県及び市町村のそれぞれを主体とし、当事者である住民が参加して策定される地域福祉計画を導入する必要がある。」〔中央社会福祉審議会　一九九八〕

地域福祉計画は、もともと、既存の個別的な社会福祉計画を統合したものとして構想されたわけである。

一九六九年に地方自治法が改正され、市町村は、基本構想の策定を義務づけられた。以来三〇年以上にわたり、日本の市町村は、基本構想や基本計画を策定し続けてきた。都道府県の場合も、法的な義務ではなかったが、同様に、長期計画の策定を行ってきた。これらの計画は、自治体が実施する社会政策の計画化を図ったという意味で、「地域社会計画」と呼ぶことができる〔武川一九九二a〕。

これらの地域社会計画は、自治体行政の全分野を対象として含めようとしていたという意味では、当初から、総合化を志向していた。ところが一九九〇年代に入ると、各自治体は、個別的な地域社会計画を策定するようになる〔武川　一九九七a〕。社会福祉の分野では、老人保健福祉計画、障害者計画、児童育成計画が策定されるようになり、これらはしばしば「福祉三プラン」と呼ばれた。社会福祉以外の分野でも、生涯学習構想や住宅マスタープランなどが市町村単位で策定された。

これらの個別計画が九〇年代に登場したのは、遅れの目立つ行政課題や、新たに登場した行政課題を、重点的に取り上げるためであった。しかし、約一〇年の期間を経て、個別計画は一定の成果を上げることができた。これらを踏まえ、地域福祉を鍵概念にしながら、いままた新たな「総合化」の時期にきているというのが、地域福祉計画の導入が図られた理由である。

したがって、地域福祉計画は、社会福祉関係の既存の三つの計画に、新たにつけ加えられた四つめの計画として策定されるべきでなく、既存の三つの計画を包含し統合した、社会福祉の総合計画として策定されなければならない。それが、地域福祉計画が導入された本来の趣旨である。

分権化と住民参加

現代日本の地方自治の最重要課題の一つは地方分権化である。地方分権推進計画に基づいて、一九九九年には、地方分権一括法が成立した。地域福祉計画のあり方も、こうしたコンテクストのなかで考えられなければならない（1章参照）。

地方分権化のなかでは、国と都道府県と市町村の役割分担のあり方が問題となる。分権化の意味を真摯に受け取るならば、中央政府と地方政府との関係は、「補完性の原則」によって律されなければならない。すなわち、行政施策は、まず「第一の政府」である市町村が行い、市町村ができないものについてのみ都道府県が行い、都道府県ができないものについてのみ国が行う、ということである。

地域福祉計画の策定にあたっても、市町村と都道府県との間で、この補完性の原則が貫かれるべきであろう。実際、社会福祉法のなかでも、地域福祉計画を策定するのは市町村となっており、都道府県が策定するのは、地域福祉支援計画となっている。これは、地域福祉計画を策定するのは、あくまで市町村であって、都道府県は、市町村の地域福祉計画の支援に徹すべきだということを意味している。

分権化は、一般には、中央政府から地方政府への権限の委譲であると考えられている。しかし、分権化を突き詰めて考えるならば、それは政府間の関係だけでは完結しないはずである。それは住民と市町村との関係のあり方にも及んでくる。補完性の原則についても同様であろう。その意味で、住民参加は、分権化の究極的な姿である。

地域福祉計画の策定にあたっても、住民参加は欠くことができない。このことは社会福祉法のなかでも確認されている。例えば、市町村地域福祉計画の策定については、「あらかじめ、住民、社会福祉を目的とする事業を経営する者その他社会福祉に関する活動を行う者の意見を反映させるために必要な措置を講ずるとともに、その内容を公表するものとする」とし、都道府県地域福祉支援計画の策定についても、「あらかじめ、公聴会の開催等住民その他の者の意見を反映させるために必要な措置を講ずるとともに、その内容を公表するものとする」としている。つまり、住民参加を欠いて策定された計画は、いかなる内容のものであれ、法律上は、地域福祉計画ないし地域福祉支援計画とはみなされない、ということである。

社会福祉法によって導入された地域福祉計画は、住民参加によって作られる総合的な計画という性格をもっており、そこでは、コミュニティ・ソーシャルワーク、地域トータルケアシステム、住民参加、利用者主体などの視点が重要な意味をもってくる。また、地域福祉計画は、地域福祉の計画というだけでなく、それぞれの地域社会の再生と創造のための計画でもある。今日の地域社会は地域福祉を欠いて存在することができないからである。

4　地域福祉計画の具体化のために

社会福祉法による地域福祉計画の規定

社会福祉法は、市町村が策定する地域福祉計画のなかに盛り込むべき事項として、次の三つの項目を列挙している。

1　地城における福祉サービスの適切な利用の推進に関する事項
2　地域における社会福祉を目的とする事業の健全な発達に関する事項
3　地域福祉に関する活動への住民の参加の促進に関する事項

また、都道府県が策定する地域福祉支援計画のなかに盛り込むべき事項として、次の三つの項目を列挙している。

1　市町村の地域福祉の推進を支援するための基本的方針に関する事項

2　社会福祉を目的とする事業に従事する者の確保又は資質の向上に関する事項

3　福祉サービスの適切な利用の推進及び社会福祉を目的とする事業の健全な発達のための基盤整備に関する事項

さらにまた、社会福祉法は、これらの事項を一体的に定める「市町村地域福祉計画」と「都道府県地域福祉支援計画」を策定する場合には、あらかじめ、公開の原則に基づいて、住民参加の措置を講ずることを求めている。

しかし、これらの規定だけから、地域福祉計画や地域福祉支援計画の内容を特定化することは困難である。また、これらの計画の策定過程について具体的イメージを抱くことも困難である。このため地域福祉計画および地域福祉支援計画の内容と策定手順についての具体化を図る作業が必要となる。

全社協レポートと審議会報告

こうした作業の結果を示したものとして、現在、次の二つの文書がある。一つは、全国社会福祉協議会の『地域福祉計画に関する調査研究結果について』（二〇〇一年九月）であり（以下、「全社協レポート」と呼ぶ）、他の一つは、社会保障審議会の『市町村地域福祉計画及び都道府県地域福祉支援計画策定指針の在り方について——一人ひとりの地域住民への訴え』（二〇〇二年一月）である（以下、「審議会報告」と呼ぶ）。

全社協レポートは、一九九九年度に開始された「地域福祉計画に関する調査研究事業」(牧里毎治委員長)に由来する。このプロジェクトでは、以下のような全国調査やモデル事業が実施された。

- 地域福祉計画に関する実態調査(一九九九年度)
- 福祉関係計画への取り組みに関するヒアリング調査(一九九九年度)
- 地域福祉支援計画に関する実態調査(二〇〇〇年度)
- 地域福祉計画に関するモデル事業(二〇〇〇〜二〇〇一年度)
- 地域福祉支援計画に関する研究事業(二〇〇一年度)

これらの実態調査やモデル事業の検討をつうじて、社会福祉法によって新たに導入された地域福祉計画の内容や策定手順のあり方をまとめたのが、この全社協レポートである。

他方、国の方でも、二〇〇一年七月、社会保障審議会に福祉部会(岩田正美部会長・京極高宣部会長代理)を置いて、地域福祉計画と地域福祉支援計画の策定指針についての集中審議を開始した。さらに同部会の下には、原案作成委員会(大山博委員長)が置かれ、部会に提出する原案のとりまとめを行った。約半年間の審議の結果まとめられたのが、さきの審議会報告である(1)。

この審議会報告を受けて、国は、二〇〇二年四月一日、社会・援護局長名の通知を都道府県知事宛に出した〔厚生労働省 二〇〇二〕。この通知は、都道府県および市町村が、審議会報告を参考にしながら地域福祉支援計画と地域福祉計画の策定に取り組むことを求めている。

審議会報告の形成の過程でも、全社協レポートが十分参照されているから、二つの文書の間に大きな齟齬はない。重点の置き方の相違がみられる程度である。以下では、主として、これら二つの文書に依拠しながら、地域福祉計画と地域福祉支援計画の内容や策定方法の概略を述べていく。

5　地域福祉計画として何を作るか

計画に盛り込むべき事項

社会福祉法が定める地域福祉計画に盛り込むべき事項のそれぞれについて、全社協レポートは五つの項目に、審議会報告は七つの項目に、ブレークダウンしている。それぞれの対応を示したのが**表4-3**である。

さらに、それぞれの項目が、どのような事業を含んでいるかについては、紙幅の関係からここには掲載することができないので、オリジナルの資料にあたってもらうしかないが、**表4-3**だけからでも、地域福祉計画について、ある程度の具体的イメージを抱くことができるだろう。ここでは、以下の四つの点を補足するにとどめたい。

第一に、全社協レポートと審議会報告の双方が共通しているところであるが、今回の地域福祉

表4－3　地域福祉計画に盛り込むべき事項

社会福祉法の規定	全社協レポート	審議会報告
1　地域における福祉サービスの適切な利用の推進に関する事項	①福祉サービスの利用者の権利 ②福祉サービスの質	i　地域における福祉サービスの目標の提示 ii　目標達成のための戦略 iii　利用者の権利擁護
2　地域における社会福祉を目的とする事業の健全な発達に関する事項	③福祉サービスの充実 ④福祉サービスの開発	iv　社会福祉を目的とする多様なサービスの振興・参入促進及びこれらと公的サービスの連携による公私協働の実現 v　福祉、保健、医療と生活に関連する他分野との連携方策
3　地域福祉に関する活動への住民の参加の促進に関する事項	⑤住民参加	vi　地域住民、ボランティア団体、NPO法人等の社会福祉活動への支援 vii　住民等による問題関心の共有化への動機付けと意識の向上、地域福祉推進への主体的参加の促進

計画のなかでは「利用者の権利擁護」に関する事項がひとつの重要な柱となるということである。これは、「措置から利用へ」という流れのなかで生まれた地域福祉権利擁護事業（痴呆高齢者など自己の意思の表明が困難な人びとの権利を守るために導入）や、苦情解決制度の活用が、福祉サービスの適切な利用にとって重要だという認識に基づいている。

第二に、全社協レポートの方では、既存の福祉サービスの充実だけでなく、新たな福祉サービスの開発についても、計画の対象としている。新しい福祉サービスは、しばしば民間の創意工夫のなかから生まれることが多いから、審議会報告のなか指摘されている、ivの多様なサービスの振興や、viの民間活動への支援も、福祉サービスの開発に関係してくると思われるが、とくに一つの柱として特記しているわけである。

第三に、全社協レポートも審議会報告も、社会福祉法が定める三項目に加えて、各地域で地域福祉を推進するために必要だが、上記三項目に含まれない事項も計画のなかに盛り込むべきことを主張している。例えば、「措置から契約へ」という流れのなかで、契約の主体となることが困難な人びとの福祉課題が新たに浮かび上がってくるが、これに取り組むことも地域福祉計画の課題である。

また、地域社会には、既存の施策だけでは十分な対応のできないものがあり、このような「施策のすきま」にある福祉課題を掘り起こしてきて解決することが、地域福祉計画には期待されている。例えば、ホームレス、子ども虐待、外国人などの福祉課題は、既存の施策や計画による対応が不充分であり、地域によっては、そうした課題も地域福祉計画のなかに含めるべきであろう。

二〇〇〇年一二月に発表された『社会的な援護を要する人びとに対する社会福祉のあり方に関する検討会報告書』（厚生労働省社会・援護局）は、社会的排除にさらされている人びとを、地域社会の構成員として「包み支え合う」（ソーシャル・インクルージョン）ことを訴えているが、地域福祉計画においても、こうした視点が必要となる。

第四は、全社協レポートであれ、審議会報告であれ、そこで列挙されている事項は、地域福祉計画のなかに必ず盛り込まれなければならないものの網羅的リストではない、ということである。

地域福祉計画は、かつての老人保健福祉計画とは異なり、計画に盛り込まれるべき事項が厳密に決まっていて、市町村は国によって示された算式に各市町村の数値を代入すれば自動的に計画目標が出てくる、といったたぐいの計画ではない。全社協レポートも審議会報告もチェックリストとして用いるべきであって、マニュアルとして用いるべきではない。地域福祉は各地域の実情に応じて多様であり、地域福祉計画のあり方も、各地域の実情に応じて、多様なものとならざるをえない。

他の計画との関係

社会福祉の分野では、すでに福祉三プランが存在しており、これらと地域福祉計画とがどのような関係に立つべきか、ということはひとつの重要な論点である。

法律上は、社会福祉法が定める三項目を含んでいれば、地域福祉計画ということになる。しかし、地域福祉計画がそもそも導入された趣旨を尊重するならば、そうした「狭義の地域福祉計画」では、地域福祉計画として不十分である。審議会報告は、地域福祉計画のことを「(高齢者、障害者、児童といった) 既存計画を内包する計画」であると述べている。全社協レポートの方も、社会福祉法の定める三項目に加えて、三プランなど福祉分野の計画を包含した、社会福祉の総合計画を「広義の地域福祉計画」と呼んでいる。

また、自治体によっては、福祉三プランだけでなく、その他の福祉関連分野と地域福祉計画と

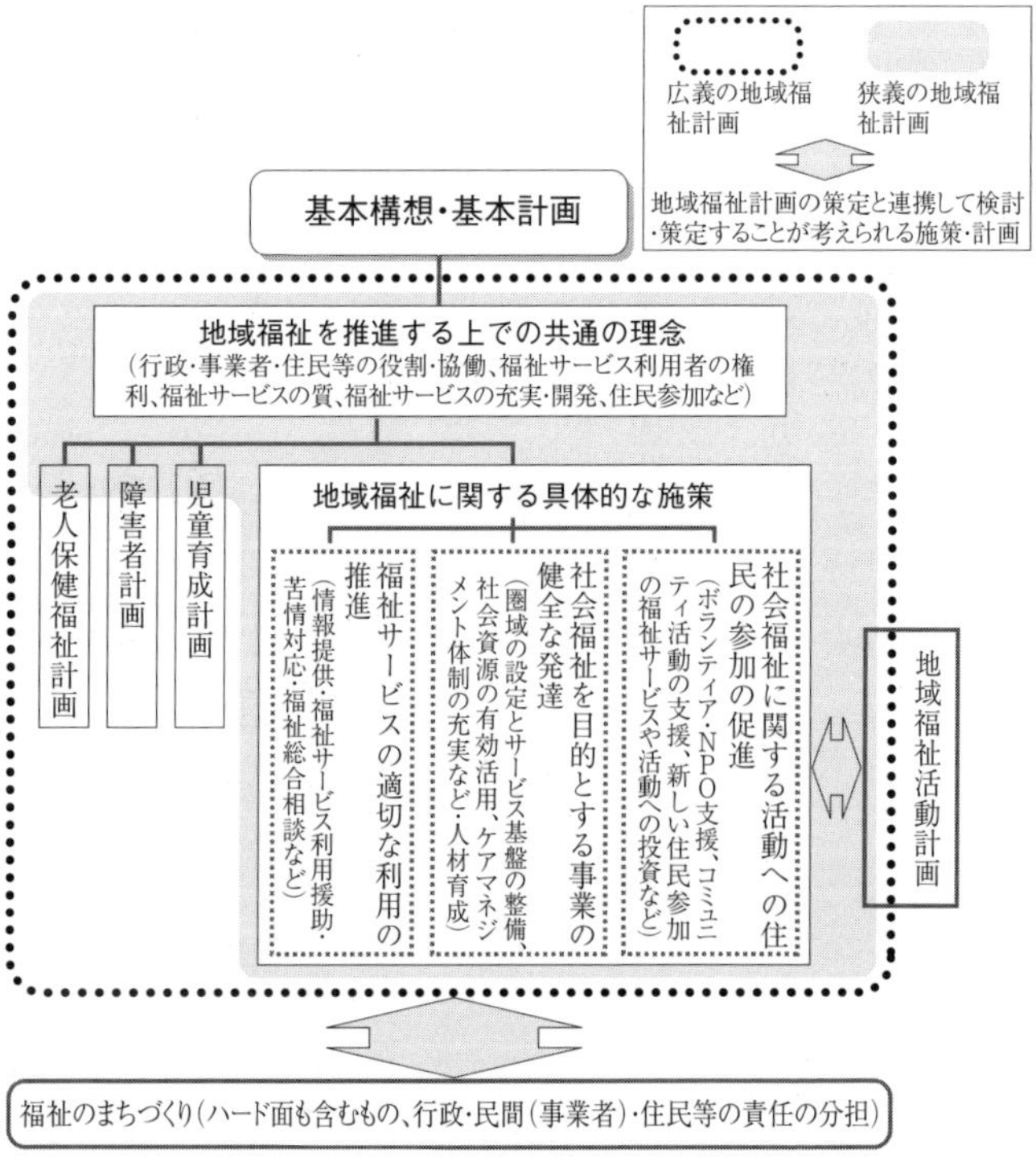

（出典）　全社協『地域福祉計画に関する調査研究事業報告書』2002年３月

図４－３　地域福祉計画の位置づけ

の一体的な策定も視野に入れることとなるだろう。実際、モデル事業を実施した自治体のなかには、「健康日本二一」との関係もあって、地域福祉計画のなかに保健の分野も含めて策定を進めたところもある。三プラン以外の関連分野としては、「保健・医療」「まちづくり」「住宅、教育、雇用等々」「防災計画」などがある。

また、社会福祉協議会は、民間による福祉活動の行動計画として「地域福祉活動計画」を策定してきたが、これは、行政計画としての地域福祉計画と関係するところが大きい。これら二つの計画には重複するところもでてくるところから、市町村と社会福祉協議会は相互に連携を図りながら二つの計画を策定していくことがのぞましい。このため地域福祉計画の策定委員会のなかに社協のメンバーが入るというだけでなく、両者が共同で事務局を組織することも必要となってくる。

以上のような地域福祉計画と既存計画との関係を示したのが、図4–3である。

6 地域福祉計画をいかに作るか

地域福祉計画は、その内容もさることながら、その策定の過程が、場合によっては、計画内容以上に、重要な意味をもってくる。

というのは、第一に、社会福祉法のなかで定められているとおり、住民参加を欠いた計画は、法定計画としての地域福祉計画には該当しないからである。したがって、いかに住民参加を実現することができるかということは、地域福祉計画策定における最大の関心事である。

また、第二に、計画の策定をつうじて、行政職員と地域住民の双方の意識改革が遂行されることも、地域福祉計画が目指しているからである。こうした意識改革は、社会福祉基礎構造改革以前の従来型の社会福祉のあり方から抜け出すためにも不可欠である。モデル事業のなかでも、策定過程をつうじた、市町村職員の住民に対する見方の変化や、地域住民の福祉に対する考え方の変化が報告されている。

庁内体制と策定手順

地域福祉計画は、行政計画であるから、計画の策定にあたっては、市町村の策定体制をどのように整えるかが重要な意味をもってくる。

地域福祉計画は、総合化を志向した計画であるから、行政組織は全庁的な体制で取り組むことが望ましい。このため、地域福祉計画のための企画・調整の機能を責任をもって遂行する部署の存在が不可欠である。それが部局横断的なプロジェクトチームとなるのか、既存の地域福祉課を拡充してそうした機能を担わせるのか、既存の企画課がそうした機能を担うのか、首長直属の地域福祉担当の機関になるのか、については、各市町村の実情によって異なってくるだろう。形態はさまざまであってよいが、全庁的な視点に立った企画・調整のための機能を確保するということが、地域福祉計画の策定を成功させるための出発点となる。

地域福祉計画の策定体制は、本庁だけの問題ではない。福祉事務所、保健所、市町村保健センターなどは、地域福祉の推進にとっても重要な社会資源であり、これらの組織や職員（とりわけ社会福祉士や保健師など）が計画の策定にあたって重要な役割を果たすべきである。

また、社会福祉協議会は、社会福祉法で「地域福祉の推進を図ることを目的とする団体」と定められており、市町村と社協との連携の具合が、地域福祉計画の成否を左右する。社協の職員もまた、福祉事務所や保健所の職員と同様に、計画策定にあたって重要な役割を果たすべきである。

地域福祉を推進するにあたっては、地域における福祉推進のリーダーの役割が大きいことがしばしば指摘される。審議会報告は、こうしたリーダーのことを「地域福祉推進役」と呼んでいる。市町村が地域福祉計画の策定を進めるにあたっては、地域福祉推進役を比較的早い段階に発見して、彼ら彼女らの協力を得ることが必要となる。また、策定の過程で、こうした人材の育成に手がけることも重要である。

多くの自治体は、地域福祉計画策定委員会を組織し、この委員会を中心に、計画の策定作業を進めることになるものと思われる。策定委員会は、住民参加の要であり、その構成や運営のいかんによって、住民参加の内実が大きく変わってくると思われるから、その出発にあたっては、その構成や運営方法について、とりわけ慎重な配慮が必要となる。

策定委員会が最初に行うべき仕事は次の三つである。

- 策定方針の決定
- 目標の設定
- 福祉区の設定

策定委員会は、発足後の早い段階で、計画策定の大体のスケジュール、策定にあたって必要な作業、策定途上に実施される住民参加などを、策定方針として決定し、一般住民に示さなければならない。

また、地域福祉の推進を具体的なものとするためには、計画の目標を明確に示す必要がある。目標は、その達成度が一目瞭然だという意味で、なるべく数値によって表現するのが望ましいが、地域福祉の場合には、数値目標を示すことができないこともある。とはいえ定性的な目標の場合であっても、目標の達成を客観的に知ることができるような具体性をもたせるべきである。目標の設定にあたっては、社会指標やベンチマークなどの経験を参照すべきであろう。

審議会報告は、「一定の福祉サービスや公共施設が整備されている区域」として「福祉区」の設定を提案している。地域福祉の出発点は、住民の日常生活が小地域において完結することができる、ということである。地域福祉計画のなかでは、この「福祉区」が最小圏域となる。住民参加についても、こうした福祉区を単位にして行われるべきであろう。

福祉区の設定については、各地の生活実態に応じて柔軟に決定すべきである。すでに存在する小学校区や中学校区を「福祉区」として読みかえる市町村もあるかもしれないが、かならずしも

表4－4　地域福祉計画策定手順

段階				課題	市町村レベル：策定委員会の役割	小地域レベル：地域福祉推進役の役割	小地域レベル：地域福祉推進役による住民等に対する直接的働きかけ
第一段階	地域福祉計画策定委員	住民等自身による課題の把握	準備段階	・地域福祉計画策定の趣旨の確認と合意 ・地域福祉推進役の育成	・小地域における地域福祉推進役の選定 ・地域福祉計画策定の広報	・地域福祉計画策定の意義の共有	・地域福祉計画策定の意義の住民に対する周知
第一段階	地域福祉計画策定委員	住民等自身による課題の把握	準備段階	・地域の特性と生活課題の大要を把握するための地域社会の各種データの収集と分析 ・地域のサービス関係機関・団体等の活動状況を把握	（・行政や社協が保有する生活課題とサービスについての情報の策定委員会への提示） ・地域福祉推進役の会議・研修	・生活課題とサービスの分析結果のわかりやすい解説による、解決活動を起こすための必要性の理解の促し ・地域福祉推進の主体は皆、同格のパートナーであることの確認 ・各々の立場から、各々どのようなことができるかの話し合いと合意	
第二段階	地域福祉計画策定委員	住民等自身による課題の把握	手順①	・地域住民の自主的協働活動を必要とする生活課題の存在を確かめ、その実態を把握するための各種調査活動の実施	・調査活動の企画（目的・実施方法の検討・決定） ・地域住民自身による生活課題発見のため、地域住民が調査に参加する方策の検討 ・調査結果の取りまとめ・分析	・調査活動の目的と方法を理解 ・調査結果の策定委員会への報告 ・小地域における人づくり	・住民等による交流会・小地域座談会などへの参加や調査活動への参加・協力を求めることにより、住民等の意識の変革を図り、将来の活動に向けての動機づけを実施 ・こうした活動により、その地域における生活上の課題を自ら発見するよう支援
第二段階	地域福祉計画策定委員	住民等自身による課題の把握	手順②	・住民等に、調査の結果明らかになった地域における生活課題を周知し、解決活動への動機づけを行うための広報 ・教育活動の実施	・効果的な広報・教育活動の実施方法の検討	・小地域における効果的な諸広報・教育活動の企画	・文書 ・集会 ・視聴覚 ・その他 ｝による各種広報・教育活動の実施
第二段階	地域福祉計画策定委員		手順③	・前の段階で明らかにされ、住民が解決したいと考えるようになった生活課題の中から、計画に位置付ける解決活動の課題を決定するよう援助	・計画に位置付ける生活課題の検討	・右欄の各種活動の結果を報告し、課題に位置付ける解決活動の課題を策定委員会に報告	・各種の会合で、地域社会の生活課題について検討するよう働きかけ、また援助し、意見をまとめる

		地域福祉計画策定	手順④	・取り上げられた課題に関係を持つ人達を選び出し、活動に組み入れ	・課題別に候補の団体機関・個人を選び出し、また必要な下部組織や、計画と活動のための体制案の作成	・地域福祉推進役のメンバーができるだけ役割分担して、計画策定に参加するように働きかける	・候補に上った団体・機関・個人への公式、非公式の働きかけ ・計画と活動のための活動体制・組織作りを援助
			手順⑤	・地域福祉計画の目標の決定	・「何を実現しようとするのか」を決定	・住民等が目的解決のためにそれぞれ何をどのように行うかを働きかける	・話合いを重ね、目的の共有を目指す ・各種の問題別の組織や機構の会合が定期的にしかも能率的に開かれるよう事務的な処理を進める ・討議に必要な資料を提供して、また専門家を招く
			手順⑥	・地域福祉計画の策定 ・地域福祉計画評価方法の決定	・実際に何を、どこが（誰が）、いつまでに、どのようにやるかを決める ・計画評価方法の検討		・上記に加えて、予想される計画策定上の障害や問題点を指摘しつつ、任務分担、時期、その他について討議を行い、解決活動を起こすよう援助 ・評価方法の周知
第三段階	地域福祉計画評価委員会	計画の実施	手順⑦	・地域福祉計画の実施	・計画実施状況の点検 ・計画の円滑な実施のための方策の検討及び実施	・右欄の結果を評価委員会に報告し、必要に応じ、決定あるいは指示を受ける	・計画実施上の問題を解決するための具体的な援助の実施 ・参加団体、機関、個人の協力を維持するよう援助の実施 ・地域社会に対する活動の意欲を維持、発展させるために実際に行われている活動や残された生活課題について発信・広報、啓発活動の実施
		評価・見直し提言	手順⑧	・地域社会の協力活動の体制がどのくらい高まったか、福祉水準がどのくらい高まったかを評価、必要な見直しを提言	・必要に応じ、効果測定のための調査を行い、評価の結果を、地域社会に知らせ、次の活動への動機づけの一助とする	・右欄の調査結果及び全般的な状況について検討がなされ、適切な評価が行われるように援助	・評価のための調査活動への参加・協力を求める

（出典）　社会保障審議会福祉部会『市町村地域福祉計画及び都道府県地域福祉支援計画策定指針の在り方について』（2002年１月）

これにこだわる必要はない。従来からの「校区社協」は、新しく設定された福祉区の受け皿となりうるが、同時に、「福祉区社協」として再編される必要があるかもしれない。

地域福祉計画の策定手順については、審議会報告が、**表4-4**のような整理を行っている。市町村は、これを参考にすることができるが、これとまったく同じ手順で策定しなければならないというわけではない、この点は、計画に盛り込むべき事項のリストの場合と同様である。

住民参加の工夫

繰り返しになるが、住民参加を欠いた計画は、地域福祉計画と呼ぶことができない。したがって、策定の過程の各段階で、住民参加が行われているかどうかについてのチェックが必要となる。

計画と参加という問題は古くて新しい問題である。地域福祉計画の導入よりはるか以前から、住民参加は、地域社会計画にとっての課題だった。おそらく住民参加の完成された姿というものはなく、たえず更新の途上にあるからであろう。以前だったら、審議会を置いて広聴活動をしていれば、それだけでも立派な住民参加ということができたが、今日そうした言い方は通用しない。

地域福祉計画の策定の各段階において住民参加を工夫するためには、現在、「住民参加のフロンティア」がどこまで切り拓かれているのかを知っておかなければならない。全社協レポートは、地域福祉計画の策定における住民参加の手段として、**表4-5**のような項目を列挙しているが、これらが今日的な住民参加の手段である。

表4－5　住民参加の手段

- 福祉サービスの利用者等へのアンケートやヒアリング
- 住民座談会・小地域座談会
- ワークショップ
- 百人委員会
- セミナーや公聴会の開催
- 各種委員会における委員の公募
- パブリックコメント
- 全ての住民に情報を伝える工夫（外国語による情報提供、点字による情報提供等）
- インターネットやケーブルテレビ等の新しい媒体（メディア）を活用した広報
- 地域福祉の担い手としての計画策定の実務への参加（福祉課題の調査等）

これらの手段を、計画策定の各段階において、必要に応じて採用していくことが求められるのである。

これら住民参加のフロンティアのなかで考えるならば、さきほどの策定委員会のあり方もおのずと明らかとなるだろう。策定委員会のメンバーは、従来の審議会のように団体代表のみから成るべきではない。地域福祉推進役、保健・福祉の専門家、民生・児童委員が策定委員会に参加することはいうまでもないが、（議論の活性化のため）公募委員をどれくらい含めるかということが今日的なひとつの争点となる。また、策定委員会の開催回数も、従来の審議会のように数回だけというのは問題外である。

モデル事業をはじめとする各地の経験によれば、以上の参加手段のうち、住民座談会・小地域座談会の開催がとりわけ重要である。これによって地域住民と行政職員の双方の意識改革が遂行されるからである。住民座談会・小地域座談会は、言葉の本来の意味でのタウン・ミーティングの日本版とも考えられるべきであり、地域福祉計画における住民参加は住民座談会・小地域座談会に始まって、住民座談会・小地域座談会に終わるとさえいえるだろう。

7　都道府県は市町村をいかに支援するか

社会福祉法のなかで、都道府県は、市町村の地域福祉を支援するために、地域福祉支援計画を策定することとなっている。全社協レポートは、都道府県が市町村との関係で果たすべき役割を、次の三つに分類している。

A　地域福祉の推進及び地域福祉計画の策定・実施・評価に向けた支援
B　都道府県と市町村の協議の上で、市町村において取り組む地域福祉推進のための施策や事業への支援
C　地域の福祉課題に基づく福祉サービス等で、市町村だけでは実施困難な広域圏における施策や事業の実施

都道府県の策定する支援計画のなかには、こうした三つの役割を遂行するための事項が盛り込まれることになる。

補完性の原則に立って考えるならば、これら三つのうちCが都道府県に固有の仕事であるということは誰の目にも明らかであろう。地域福祉を推進する人材の育成・訓練、単独の市町村では

実施困難な福祉サービスなどは、Cに該当する。

これに対して、Bは一読しただけではわかりにくいかもしれない。日本の場合、市町村が行う多くの行政施策が、国や都道府県からの補助金を前提とし実施される。その意味では、市町村が策定する地域福祉計画のなかに記載された事業であっても、都道府県が一定の関与をすることになる。各都道府県における、こうした事業の総量が支援計画のなかで規定されることがありうるだろう。

支援計画のなかのBの部分については、市町村の計画との関係で、ボトムアップで策定されることもあるし、反対に、トップダウンで策定されることもある。

老人保健福祉計画のときには、市町村の計画の積み上げによって都道府県の計画を決定するということがあったが、支援計画のこの部分についても、市町村の地域福祉計画からのボトムアップによって決めることが可能である。

しかし、反対に、都道府県がリーダーシップを発揮した支援ということもありうる。例えば、都道府県が、地域福祉に関するミニマム水準を設定したり、優先事項を設定したりした場合は、ボトムアップというよりはトップダウンに近くなる。また、地域福祉推進に関する都道府県の単独事業の場合も同様である。

Aが都道府県に固有の役割だということについてもわかりやすいだろう。Aに該当する支援としては、①指針の策定、②技術的支援、③財政的支援、④情報の提供、⑤計画の評価などがある。

表4－6　地域福祉支援計画の内容

	社会福祉法108条			その他：
	1項：市町村の地域福祉の推進の支援に関する事項	2項：社会福祉を目的とする事業に従事する者の確保又は資質の向上	3項：福祉サービスの適切な利用の推進及び社会福祉を目的とする事業の健全な発達のための基盤整備	・市町村が直接権限や予算を持っていない地域福祉に関連する事業 ・市町村だけでは対応できない福祉ニーズへの広域的な対応
A 地域福祉の推進及び地域福祉計画の策定・実施に向けた支援	都道府県による ・指針の策定 ・技術的支援 ・財政的な支援			
B 都道府県と市町村の協議の上で、市町村において取り組む地域福祉推進のための事業			市町村が実施する事業に対する都道府県の支援（市町村との協議によって施策化）	
C 地域の福祉課題に基づく広域圏における地域福祉推進のための施策や事業の実施		・社会福祉人材センター ・社会福祉研修センター	・地域福祉権利擁護事業 ・苦情解決事業 ・第三者評価事業 ・住民参加の福祉のまちづくりの基盤づくり（ボランティア・市民活動センター等）	・現行の福祉施策では十分対応困難な福祉課題についての対応策の検討・協議 ・都道府県業務を市町村に移譲する過程での支援策（例：知的障害、精神保健福祉など） ・住宅、雇用、都市政策等の事業への協力

（出典）　全国社会福祉協議会『地域福祉計画に関する調査研究事業報告』（2002年3月）

以上のＡからＣの役割と、社会福祉法一〇八条における三つの事項との関連を整理したのが、**表4－6**である。

8　地方自治の学校としての地域福祉計画

地域福祉計画は、地方分権の時代のなかにあって、住民参加によって、社会福祉に関する総合的な計画として策定されることが期待されている。しかし、これは言うは易く行うは難しの課題である。社会福祉は制度が複雑であるため、住民参加によって総合的な計画を作ることが難しい。住民参加と総合化とが、原理的に両立不可能であるということはない。しかし実際には、両立困難な場面が少なくない。両者が対立した場合に、どう対処すべきか。行政職員が前面に出てきて、計画の総合化を進めるべきであろうか。それとも、総合化はある程度断念して、住民参加を貫くべきだろうか。どちらが地域福祉の推進にとってプラスになるかは、判断の分かれるところであろう。ただ、長期的な視点に立って考えた場合、住民参加を優先させた方が、地域住民の力量を高めていくという意味で、好ましいように思われる。

現在、地方自治の現場では、ローカル・ガバナンスということが問題となっている。地域におけるさまざまな問題の解決にあたっては、地方自治体（ローカル・ガバメント）だけでなく、ＮＰＯをはじめとする民間のさまざまな団体や個人の役割が重要だという認識にたった考え方である。

地域福祉は、行政だけでなく、地域の個人や団体の協働によって実現していく、という意味で、まさに、ローカル・ガバナンスの試される場である。

地域福祉計画がうまく策定されるということは、このローカル・ガバナンスが確立されていることを意味するし、地域福祉計画の策定過程自体がローカル・ガバナビリティー、あるいはローカル・ガバナンスの能力を発達させることができる。その意味で、地域福祉計画は地方自治の学校である、ということができるかもしれない。

（二〇〇二年一〇月）

（1） 筆者も、福祉部会および原案作成委員会の一委員として審議に参加しているが、本稿における見解は、審議会の正式見解ではなく、個人的なものである。

5　地域福祉計画の策定上の留意点

地域福祉計画の策定上の原則

社会福祉法では、地域福祉の推進のため、「市町村地域福祉計画」と「都道府県地域福祉推進計画」を策定することとなっている（以下では、前者を「地域福祉計画」、後者を「支援計画」と呼ぶ）。

地域福祉計画や支援計画を策定するさいには、総合化と住民参加の原則が重要となる。社会福祉法のなかで、これらの計画に関しては、一般的な規定しか置かれていないため、実際の計画の策定の途上では、策定方法、圏域、他の計画との関連、地域福祉計画と支援計画との関連などについて、さまざまな疑問が生じることが予想される。これら策定途上で生じた問題については、二つの原則に立ち返ることによって解決可能である。

総合化の原則

総合化は、社会福祉の世界では古くからいわれてきた。

第一に、地域福祉の現場では、従来から、保健・医療・福祉の総合化（「統合」や「連携」と呼ばれることもある）が模索されてきた（7章参照）。最近では、保健・医療・福祉・住宅の総合化が唱えられることも少なくない。いずれの場合も、人間の生活の全体性を保障しようという考え方に基づいており、人間の生活が社会サービスによって断片化されることを避けるための原則である。

第二に、地方自治体の社会福祉計画についてみると、九〇年代には、個別的な計画の策定が進んだ。八法改正によって、老人保健福祉計画が法定化されたのを皮切りに、障害者計画や地方版エンゼルプランなどが順次策定されるようになった。社会福祉基礎構造改革のなかでは、これらの対象者別計画を統合するものとして地域福祉計画が構想された。また、いわゆる「三プラン」に加えて、介護保険事業計画や、住宅マスタープラン、生涯学習基本構想などの策定も行われている。

住民参加の原則

現在の日本の地方自治における最重要課題は地方分権であり、地方分権推進計画に基づいて成立した地方分権一括法によって、これまで分権化が推進されてきた。地域福祉計画・支援計画も、こうした地方分権の流れのなかに位置づけられなければならない。

住民参加は分権化の究極的な姿であると考えることができる。日本の市町村は地方自治法に基づいて基本構想を策定し、また、これに基づいて、基本計画や実施計画を策定することになっており、地方自治体によるそうした計画策定の経験はすでに三〇年以上に及ぶ。住民参加は、当初から、市町村計画を策定するさいの留意事項であったが、その後の歴史のなかで、さまざまな住民参加手段が開発され、計画策定に取り入れられるようになって、今日に至っている。地域福祉計画や支援計画の策定にさいしても、この経験が生かされるべきである。

また、とりわけ社会福祉の世界では、計画の策定過程への参加だけでなく、計画の実施過程への参加が重要な意味をもつ。九〇年代以降、地域における市民社会の成熟にともなって、住民参加型福祉、ＮＰＯ、ボランティア活動などが擡頭するようになってきており、これら市民の自発的な活動の隆盛が、今日、地域福祉計画・支援計画を策定する場合の背景となっている。

総合化と住民参加の衝突

とはいえ、これら二つの原則が両立しない場合もありうる。というのは、総合化を実現するためには、行政全般に通暁するような高度の専門性が必要となる場合があるからである。また、ボトムアップよりもトップダウンによる方が容易に総合化しうるといった事情もある。もちろん住民参加の経験を積み重ねることによって、それぞれの自治体の住民が力をつけてくることになれば、こうした問題は解決されるだろう。しかし、それまでの間で、両者が対立するときには、総合化よりも住民参加の方を優先すべきであろう。長い目で考えれば、その方が地域福祉の推進につながる。

住民参加の手段

地域福祉計画は、行政計画であるが、単に行政の事業を列挙するのではなくて、地域社会のガバナンスを確立するためのものでなければならない。これが地域福祉計画において住民参加が重視されなければならない理由である。地域社会のガバナンスのなかで、市町村はいわゆる「第一の政府（ガバメント）」として、その一翼を担うことになるが、ガバナンスはガバメントだけで達成されるものではない。それは、地域住民、当事者団体、地縁組織、ＮＰＯなどをはじめとした住民各層の協力によって生まれる。

このように考えたとき、住民参加の手段として、どのようなものが取り入れられているかということが、この計画にとっての試金石である。

今日的な状況のなかでは、単に審議会を設置しただけとか、地域の有力者を集めただけの策定委員会を数回開催しただけでは、住民参加として不十分である。各計画が、住民参加を重視しているか否かの判断基準となるのは、策定委員会のなかに団体代表ではなくて個人としての公募委員が何人参加しているか、策定委員会は何回くらい開催されたか（数回の開催ではおざなりなものに終わりがちであり、年に一〇回以上の開催だと参加者の間のコミュニケーションも進む）、住民座談会は開催されたか、パブリックコメントは実施されたか、といった点である。自治体職員が一住民として住民参加することも奨励されてよい。

住民参加の実効性

住民参加に実効性をもたせるためには、情報公開が前提となる。財政的苦境も含めて、当該自治体の置かれている地域福祉に関する情報を、すべて明らかにするところから住民参加が始まる。その意味では「知らしむべし由らしむべからず」でなければならない。

住民参加は、行政職員からみると、効率的ではないかもしれない。住民が勝手な要求をしてくるのではないかといった警戒感もある。このため住民参加をまじめに考えたならば、多大な時間と労力を要することになる。しかし、こうした労力をいとわず、計画の策定に手間暇をかけることが、現在の地方自治体には期待されている。

地域福祉計画のなかに、どのような事項を含めるかということは重要な問題である。全社協の『地域福祉に関する調査研究結果について』（二〇〇一年九月）や、社会保障審議会の『市町村地域福祉計画及び都道府県地域福祉支援計画策定指針の在り方について』（二〇〇二年一月）のなかには、計画項目のチェックリストが含まれている。しかし、より重要なことは、計画策定のプロセスである。地域福祉計画の場合、何を作るかより、どう作るかの方が重要となってくる。

都道府県の役割

国・都道府県・市町村の間の政府間関係を考えるうえでは、今日、補完性の原則が重要な意味をもつようになっている。地域福祉計画・支援計画をめぐる国・都道府県・市町村の間の関係についても、この原則が適用されるべきである。

この原則にたつとき、支援計画と地域福祉計画との関係もおのずと明らかとなる。地域福祉計画を策定するのはあくまで市町村であって、都道府県は、地域福祉計画そのものではなくて、市町村の策定する地域福祉計画を支援するための計画を策定することになる。国に期待されるのも、市町村や都道府県の自発的な動きに対する支援である。したがって、地域福祉計画の場合には、老人保健福祉計画のときのように、国がひな型を作って、都道府県や市町村は、それにのっとって計画を策定すればよい、というようなことにはならない。

都道府県の支援は技術支援や情報提供などが中心であるが、小規模な町村のなかには、都道府県による作業支援を必要としてるところもあり、この点にも配慮すべきである。

これまでも先進的な都道府県は地域福祉に関する計画を策定してきた。そこで培われたノウハウは、都道府県が市町村に対する技術的支援を行うさいに役立つものも少なくないと思われる。しかし、今回、都道府県が策定することを期待されている支援計画と同様の内容をもつ計画がこれまでに形成されてきたとは思われない。都道府県は、何らかの既存の計画でもって今回の支援計画に置き換えるのではなくて、新たに支援計画を策定するのが望ましい。

総合化の原則から考えると、地域福祉計画の内容は包括的であることが望ましいことになる。その意味で、地域福祉計画は市町村の社会福祉総合計画や、さらに、それを超えた行政計画となる可能性もある。ただし包括的であるべきなのは、市町村の地域福祉計画であって、都道府県の計画は、あくまで支援計画としての責務を全うすべきであり、その枠を超えるべきでない。とくに総合性や包括的計画を求めるあまり、住民参加が疎かになることがないように細心の注意を払うべきであろう。

福祉区と地域福祉の圏域

地域福祉を考える場合の最も基本的な圏域は、今回、社会保障審議会の報告（『市町村地域福祉計画及び都道府県地域福祉支援計画策定指針の在り方について』）のなかでも述べられているように、「福祉区」である。福祉区は、各地域の生活実態に応じて柔軟に決定されるべきである。従来からの小学校区や中学校区が参考になる場合もあるが、必ずしもこれに合致しなければならない、というわけではない。地域の個性が発揮されるべきであろう。

社協サイドでみると、従来からの校区社協が新たに設定された福祉区の受け皿となるかもしれない。ただし、そのさいは、新たに編成された福祉区に応じて、福祉区社協として再編することも場合によっては必要となるだろう。

指定都市の地域福祉計画

地域福祉計画は、法文上は、市町村の策定する行政計画であるから、指定都市の場合にも、市が計画の策定に責任をもつことになる。しかし、地域福祉の趣旨に照らして考えてみた場合、あまりにも大きな市が市全体を見渡した計画を策定するということに関しては疑問がある。

したがって指定都市の場合には区の役割が重要となってくる。大都市では、身近な生活圏である福祉区と市とのあいだに相当な距離がある。このため区は、福祉区を束ね、福祉区と市を媒介する役割を担うべきであり、分権化の趣旨からしても、区が地域福祉計画をもつことが期待される。

区の地域福祉計画が策定される場合には、社協サイドの受け皿としては、区社協の役割が大きくなってくる。

とはいえ、同じ指定都市のなかにあっても、すべての区が地域福祉に関して同じ力量を備えているわけではない。力量不足の区もあるかもしれない。すべての区で地域福祉計画を策定することが困難な場合には、準備のできたところから策定していくというのもひとつの考え方である。

策定をつうじた地域の福祉力アップ

地域福祉計画は、地域福祉を計画的に推進していくことを目的として策定される。しかし、策定された計画の中味もさることながら、計画策定のプロセス自体が地域の福祉力のアップへとつながることにも着目すべきである。市町村職員、社協職員、地域住民などの計画策定への参加の経験は、それぞれの地域の財産となるはずである。

市町村職員の意識改革

地域福祉計画の策定は、市町村職員に意識改革を迫るものである。ひとつには住民参加の機会をつうじて地域住民と接触の機会が多くなることによって、住民の目線がどこにあるのかということについて意識せざるをえなくなる。また、地域福祉計画は、その内容からして、従来の行政計画の手法が通用しない領域であり、この点でも、市町村職員は意識改革を迫られることになる。

市町村職員のモラールを高めるためには、住民参加とともに、庁内における職員参加が確保されるべきである。また、地域福祉計画の事務局スタッフを庁内公募によって集めることも、職員がやる気をだすためのひとつの方法である。

社協職員のパワーアップ

地域福祉計画の策定への参加は、社協職員のパワーアップにもつながる。というより、社協職員は、地域福祉計画に積極的に取り組むことによって、みずからの力量のアップにつとめるべきであろう。社会福祉協議会は、社会福祉法のなかでも、地域福祉を推進するための団体として位置づけられており、地域福祉計画はそうした社協の存在理由を示す絶好の機会であり、社協職員は、地域福祉の推進役としての役割が期待される。

住民力のアップ

住民力のアップもまた地域福祉計画の策定をつうじて、期待されるところである。長年のしきたりのなかで、住民は、行政と自分たちとは別の存在だと思いがちである。しかし、大都市の場合はともかく、日本の多くの市町村で、市町村職員は、行政職員である前に、当該市町村の住民の一人である。このことを実感することができるだけでも、住民は行政に対する認識を変えるはずである。行政が、お願いの対象でも、対決の対象でもなくなったとき、自治が始まるともいうべきであろう。地域福祉計画の策定は、地域住民に対して、社会福祉について学び、考えるうえでの良い機会を提供する。

社会福祉の領域で住民参加が進みにくい理由のひとつは、社会福祉の制度が非常に複雑でわかりにくいということである。地域教育の場合、小中学校や公民館を知っていれば、あとのことは自分の子育て経験をつうじて、いろいろと考えていくことができる。しかし、社会福祉の場合には、施設が対象者別に分かれているだけでなく、それぞれの施設も気の遠くなるような数の種類に細分化されていて、制度があまりにも複雑である。このため社会福祉の場合には住民参加のための会合であっても、意見を表明するというよりは制度に対する質問するための場になってしまうことも少なくない。

しかし住民の側も策定経験を積むことによって、これまでのように意見の表明に関して及び腰になるということは回避されるようになるだろう。

地域おこしツールとしての地域福祉計画

地域福祉計画は、地域おこしの道具としても用いることができる。現在、日本の地方都市は、リストラによって失業者があふれ、商店街が「シャッター街」などと呼ばれることからもわかるように、活力を失っている。しかし、他方で、コミュニティ・ビジネスの試みなど、地域おこしのための自発的な動きも出てきている。地域福祉のなかでは、従来の地縁型組織に加えて、ＮＰＯなどの地域福祉活動も重要な役割を果たすことが期待されている。後者は、地域おこしのための新たな動きともつながりがよい。地域福祉と地域おこしとのつながりをつけていくことも、地域福祉計画には期待される。

地域福祉計画は、総合性の観点から、社会福祉に関する総合的な計画であることが期待されているが、単に社会福祉の計画ということだけでなく、市町村が行う「地域おこし」の重要な柱のひとつとして、市町村の基本構想のなかに位置づけていくこともできる。

補助金体質からの脱却

地域福祉計画は、従来型の補助金体質の思考法から自由にならないと、うまく策定していくことができない。補助金のつく事業をリストアップし、それらを取捨選択することによって計画づくりを進める、というような方法は避けるべきである。まず、地域福祉の推進にとって必要な事業をリストアップすることから始めなければならない。「補助金先行」の発想から「事業先行」

の発想へと頭を切り替えなければならない。

ここ十数年、地方分権化は着実に進んでいる。しかし、それでも現行の地方財政制度は、市町村の自主性を担保するものとはなっていない。現行制度による分権化の制約があることも事実だが、それを前提としたとしても、市町村がなしうることは多い。地方交付税をどう使っていくかということは、首長の決断による部分が大きいから、地域福祉の推進も首長の決断にかかっている部分が大きいといえる。

また、市町村が歳出の節約を図ることによって地域福祉のための財源を独自に見つけるということが必要である。例えば、談合体質から脱却することによって、公共事業の費用を節約できる場合は少なくない。また、受注に対する評価の目がきびしくなれば、おのずとコストの削減効果にもつながる。そこから捻出された財源は地域福祉の推進のために使うことができる。

社協の役割

繰り返しになるが、社会福祉法のなかで、社会福祉協議会は、地域福祉を推進する団体として明確な位置づけを与えられている。地域福祉計画の策定は、こうした社協の存在意義を示す絶好の機会だと考えるべきである。

社協の役割は全国各地で異なっている。事業に非常に力を入れているところもあれば（事業型社協）、事業からは撤退しているところもある。しかし、地域福祉に関係する個人や団体のコンソーシアム（協議の場）である、という点については全国共通である。この点は、地域福祉計画の策定にあたって銘記すべきである。

社協は行政との協力関係にたたなくてはならないが、それが「馴れ合い」の関係に終わることがないように絶えず注意を払うべきである。そこにはある種の緊張関係が不可欠である。両者の間には「緊張感をともなった協働」の関係が形成されることが望まれる。

社協と行政の協働

社協と行政との協働関係を保つため、地域福祉計画の策定にあたって、社協職員が策定委員会のなかに参加するということがまず考えられるが、それだけでなく、市町村と市町村社協との間で共同の事務局をもつことが奨励されるべきである。これによって、両者の問題意識の共有化を進めることができる。

地域福祉計画は、社協が従来から策定してきた地域福祉活動計画と内容的に重なる部分があるが、後者が前者に発展解消されるものでないことは、全社協の報告書および社会保障審議会の報告書がともに認めているところである。したがって、社会福祉活動計画を策定していない社協は、これを機会に策定に取り組むべきであろう。また、同じ領域を扱っていても、社協の計画は住民の主体形成に力点が置かれるため、行政の計画とはおのずとそのスタンスが異なってくる。

評価のあり方

近年、いわゆる新公共管理論（ＮＰＭ）の影響を受けて、行政評価や政策評価に対する関心が高まってきている。今日、行政計画は、評価を前提として策定される。地域福祉計画の場合もこうした政策評価の潮流から自由となるわけにはいかないだろう。

地域福祉計画の評価にあたっては、ベンチマークなどの手法なども参考にすべきと思われる。例えば、有名なオレゴン州のベンチマークのなかには、地域福祉に関する項目も多数含まれている。

また、事後的な評価を行うためには、事前に、地域福祉の状態について把握しておく必要がある。このため福祉区ごとに「地域福祉カルテ」あるいは「福祉区カルテ」のようなものを策定しておくことも重要である。まちづくりなどの経験のなかで、すでに、「地区カルテ」の作成を行ってきている自治体もあり、そこでのノウハウは地域福祉計画のなかにも生かされるべきである。

インクルージョンとエンパワーメント

社会福祉基礎構造改革のなかで「措置から契約へ」という流れが打ち出され、社会福祉の世界でも契約によるサービスの利用が主流を占めるようになった。これはこれで重要な前進であるが、他方で、契約の当事者となれずに、社会福祉から取り残された人びとがいるのも事実である。例えば、知的障害者、ＤＶの被害者、虐待されている子ども、ホームレスの人びと、不登校の子どもたち、引きこもり状態にある大人たちが、そうした取り残された人びとにあたり、彼ら彼らは、現在、社会福祉施策のすきまに置かれている。

地域福祉計画においては、これら社会的に排除された人びとを、地域社会のなかに統合する、いわゆるインクルージョン（社会的包摂）が重要な課題となる。これは、旧来の対象者別の社会福祉計画のなかでは、うまく対処できなかった課題であり、ここに地域福祉計画の新しさのひとつがあるとみるべきである。

こうしたインクルージョンの過程では、これらの人びとが力をつけていくこと、すなわち、いわゆるエンパワーメントが不可欠であり、そのためには権利擁護などの事業が、地域福祉の推進にとっても意味をもってくる。

地域福祉型サービス

従来、住民参加型福祉といえば、ホームヘルプなどの在宅福祉サービスが中心だった。もちろん、これらの活動をおろそかにすることはできないが、地域福祉計画の段階では、これとは異なった地域福祉活動を行っているＮＰＯなどの団体もある。例えば、ホームレスの人びとに対する支援団体や、その他、社会的に排除された人びとのインクルージョンのために活躍する団体があり、これらの団体は「地域福祉型サービス」の団体とみることができる。行政も社協も、従来からの住民参加型在宅サービスの団体と並んで、これら地域福祉型サービスを行う団体との間に、地域福祉推進のパートナーとしての、協力関係を積極的に作っていくべきであろう。

社会福祉のネクスト・ステップ

地域福祉計画は、従来の福祉三プランに追加された「第四の計画」と考えるべきではない。それは、二〇世紀的な発想から訣別して、二一世紀初頭の社会福祉をリードすべき性格をそなえたものと考えなければならない。そうでなければ、単に屋上屋を架すことになってしまい、地域福祉計画を新たに策定することの意義は失われる。その意味で、地域福祉計画は、二〇世紀後半の社会福祉の総括のうえに成立する、社会福祉のネクスト・ステップを示すものと考えられるべきである。

地域福祉計画は、単に社会福祉の総合計画としての性格をもたせるだけでなくて、自治体職員と地域住民の従来型の発想からの転換を図り、地域の福祉力をアップするための起爆剤としての性格をもたせるべきである。さらに、社会福祉だけでなく、地域おこしの手段としての性格ももたせるべきであり、基本構想や基本計画をリードする役割も担ってしかるべきである。

ポスト・ゴールドプランの時代の計画

地域福祉計画は、ポスト・ゴールドプラン時代の計画と考えるべきである。新旧のゴールドプランとその具体化のために後続する老人保健福祉計画は、社会福祉資源の充実を図るうえで一定の役割を果たした。しかし、地域福祉計画は、そこでの経験を踏まえるものの、その次の段階の計画である。第一に、地域福祉計画ではストックを増大させるということ以上に、既存ストックの有効活用ということが課題となる。第二に、施設建設中心のハード的な計画というよりは、ネットワークをどう構築するかといったソフト的な計画の部分が重要な意味をもつ。第三に、老人保健福祉計画は、どちらかというとトップダウンの性格が強かったが、地域福祉計画はボトムアップの計画とならなければならない。介護保険の導入時に、地域の諸団体との協議を積み重ねた経験をもつ自治体は少なくない。そのときの経験は、地域福祉計画を策定するうえでも役立つはずである。

日本の希望

九〇年代の日本経済は「失われた一〇年」とも呼ばれ、そうした経済的停滞は二一世紀に入っても続いている。そのことが地域社会に対しても暗い陰を落としている。しかし、他方で、二〇年前三〇年前に比べたら地域における社会福祉の水準は確実に上がってきており、また、地域社会の内部からこれまでにはみられなかった新たな市民の自発的な動きも出てきている。地域福祉計画は二一世紀初頭において、こうした光の部分を伸ばしていくためのものでありたい。

（二〇〇二年八月）

6 対談　地域福祉計画の時代はじまる――地方自治の学校

これまでの章から明らかなように、行政計画の立場からみれば、地域福祉計画は従来の自治体計画の延長線上に生まれたものである。社会政策の諸分野における個別計画の総合化や、計画の策定・実施における参加が課題となるのはそのためである。他方、コミュニティワークの立場からみれば、地域福祉計画は、地域のなかに蓄えられてきた地域福祉実践の調整やさらなる発展のために策定されるものである。本章は、後者の立場にたつ平野隆之氏（日本福祉大学教授）との対談の記録である。この対談によって、地域福祉計画に対する見方をさらに広げることができるだろう。

地域福祉の主流化とは

武川　地域福祉計画が社会福祉法で定められ、二〇〇三年の四月からその条文が施行されることになりました。このように地域福祉計画が法律に書かれなければならなくなった背景というものがあり、それが重要ではないかと思います。〝地域福祉〟という言葉は従来から社会福祉の専門家の間ではよく使われていました。とくに社会福祉協議会や地域福祉学会では、当たり前の言葉として用いられていました。しかし、今回、社会福祉法の条文になったことで、今までよりも広い範囲で地域福祉を考えていかなければならなくなっています。

　地域福祉計画の登場は私が〝地域福祉の主流化〟と呼んでいる状況のなかで生まれたものです。そこで、この〝地域福祉の主流化〟について述べさせてください。

　〝地域福祉の主流化〟にはいくつかの意味がありますが、その一つは、社会福祉の世界における〝地域福祉の主流化〟です。社会福祉法が改正されて、そのなかで地域福祉に関する事項がいろいろ定められた。例えば、社会福祉法の目的として〝地域福祉の推進〟が掲げられていますし、それから地域福祉の推進に関する章が設けられました。また共同募金の使い方の中に地域福祉ということが書かれました。一番大きいのは、今回の地域福祉計画の策定、ということになります。これらは、社会福祉のなかで地域福祉が中心的な事項になったことを意味します。

　〝地域福祉の主流化〟のもう一つの意味は、地域福祉が地域全体のものとなったということです。従来はどちらかといえば、行政が社会福祉を担い、社会福祉協議会が地域福祉を担う、というような考え方があったかと思うのですが、〝地域福祉の主流化〟という枠組みのなかで考えると、そういった〝行政＝社会福祉〟、〝社会福祉協議会＝地域福祉〟というような分業関係はもはや成り立たなくなっており、地域福祉は公民協働のなかで考えなければなりません。また、民のなかも社会福祉協議会だけではなくて、ＮＰＯも含めていろいろな団体が存在しますから、〝民民協働〟という形での地域福祉も必要になってくる。つまり、社会福祉協議会による地域福祉から地域社会全体による地域福祉へ、というような形で〝地域福祉の主流化〟が起きているのではないかということです。

　それからもう一つ、三番目に、地方自治とか地方行政のなかで、事実上、〝地域福祉の主流化〟が進行しています。例えば、地域社会に対する政策を考えてみた場合に、かつては地域の統合とか地域社会のあり方というものは教育という軸を中心にして回っていたというところがありました。これはおそらく明治以来の日本の伝統ですが、第二次大戦後もしばらく当てはまります。一九六〇年代・七〇年代までは学校を通じて地域が成り立っていて、運動会とか学芸会は単に学校の行事というだけではなくて、地域全体の行事という性格がありました。また、東京などでは、地方から来た人が地域とどこで最初に交わるかといえば、やはり子どもの学校を通じてなんですね。子どもの通っている学校が地域との最初のインターフェースとなる。また、公民館活動というものが地域づくりのなかで非常に大きな役割を果たしてきたように思います。そういう意味でいうと、社会教育・学校教育を含めて教育というものが地域の統合にとっての非常に重要な役割を果たしていました。

ところが、人口が高齢化してきた、あるいは極端な人口移動というものが減ってきて、比較的定住に近い形になってきたときに何が起こるかいといいますと、もちろん教育も重要ですが、教育だけではなくて、地域医療とか地域福祉というものが地域住民の生活にとって非常に重要な要素として浮かび上がってくるということです。かつて地域社会における施設といえば、公民館や学校というものがその大部分でしたが、今、地域に行ってみると、そういう教育関係の施設だけではなくて、非常に多くの社会福祉関係の施設、在宅ケアのための施設や老人ホームなどが各市町村のなかで存在するようになっています。人びとの生活を支えるだけではなくて、高齢者や障害者の社会参加も、現在では、こうした社会福祉施設の利用を抜きにしては考えられません。したがって、地方行政のなかでは、福祉のウェイトが大きくなっています。

まとめると、従来の縦割りであった社会福祉のなかで、地域福祉を基軸にして社会福祉を考えなければならなくなっている。それから、従来の社会福祉協議会を中心に回っていた地域福祉ではなく、地域社会全体で地域福祉を考えていくようなときがきている。また、地方自治のなかで福祉のウェイトが非常に大きくなってきている。こうした点から地域福祉の〝主流化〟が考えられるのではないかと思います。

平野　武川さんの〝主流化〟というキーワードに対して、私の場合は以前から〝主体化〟というキーワードに関心をもってきました。はじめに〝地域福祉を基軸に社会福祉を考えていかなければならない〟と武川さんがおっしゃった点に関連させていいますと、従来の社会福祉というものは、誰を社会福祉の対象にするのか、ということを考えてきたものだと思うのです。それに対して地域福祉を基軸にする、ということの意味は、誰を対象にするか、とともにそれを解決していくために誰がその解決の主体となっていくか、という点に移っていっているのではないかと思います。この点に関連させて、地域福祉とは何か、と問われると私は短く〝地域が主体になる福祉〟だと答えています。

次には〝地域〟とは一体何か、ということが問われるわけですが、それは、武川さんの後半の二つの〝主流化〟の話に関連しています。一つ目は、市町村が主体になりながら福祉行政を展開していくのだ、ということで、そういう意味では、〝地域〟というのは、一つは市町村行政であるというように理解することができるわけです。これは福祉国家あるいは国家福祉に対して、地方福祉あるいは地方自治体が主体的になりながら進める福祉、と説明できます。そういう意味では、地方自治体の独自性を活かせる福祉行政が展開させるということで、地方行政における主流化と同じことをいっています。

もう一つの〝地域〟とは、まさに地域住民を指すのだろうと思いますけれども、これは、社会福祉法の四条の地域福祉の推進を規定した条文のなかで、最初に地域住民が位置づけられていて、「社会福祉に関する活動を行う者は、相互に協力し、（中略）地域福祉の推進に努めなければならない」という規定がのっかったわけですね。そういう点では、地域住民が主体となって進める福祉だ、というように地域福祉をとらえることができるのではないかと思います。これは、武川さんのおっしゃった〝第二の地域福祉の主流化〟に相当します。

しかし、先ほど申しましたように、誰を社会福祉の対象とするかという議論とともに、行政だけでは解決できない問題に対して他のさまざまな主体が、どうやってそれに関わっていくのか、あるいは、行政だけの社会福祉の提供では実現しなかった新しい質を求めてきている側面があるのではないか、そのような感じをもちました。

ローカル・ガバナンスの実験場

武川　今、地域福祉について、地域が主体になる福祉だ、と非常に明確に定義してくださって、なるほど、と思いました。しかも、また、その場合の地域が、地域住民と地方自治体であるというのですね。この点は〝地域福祉の主流化〟といっていることとも関係してきます。

つまり地方自治における〝地域福祉の主流化〟といった場合に、先ほどは、行政施策が社会福祉を中心に地域のなかで回るようになってきている、という言い方をしましたけれども、それだけではなくて、地域のなかで、例えば行政・政治学の人などは最近〝ガバメントからガバナンスへ〟といういい方をしていますが、そういう観点からみても地域福祉というものが重要な意味をもってくるのではないかと思っています。今、平野さんがおっしゃった、地域が主体になる福祉、というのはまさにこのような地域のガバナンスが確立されることだと思うのです。

一般論として〝ガバメントからガバナンスへ〟といわれるときは、行政だけ、あるいは、自治体だけではなくてさまざまな団体や住民がそこに関係してくるということが、地域の生活の安定や向上にとって重要だということが意味されていると思うのですが、地域福祉というときは、まさに行政だけではできない、あるいは、地域住民の自発的活動だけではできないことを一緒にやっていくという意味があると思います。さらにいうと、住民と行政とをはっきり分けてしまって、全然異なる両者が協力するということではなくて、そういう行政と住民の区分ということ自体が地域福祉のなかでは問われているのだということです。

地域福祉では、もちろんガバメントも重要ですが、ガバメントも含めて地域全体でガバナンスとして地域福祉を実現していくというような話になりますね。これは地域福祉だけのことではなくて、まちづくりの話や教育などあらゆる分野で共通に語られる傾向であって、地域福祉はそうした一般傾向の社会福祉の領域における現れといえるのではないでしょうか。ですから、地域福祉はローカル・ガバナンスの実験場になるわけです。地域福祉はもはや福祉だけの問題ではないともいえるわけです。

平野　そういう意味では今までは、どちらかというと地域福祉といえば住民参加として考えられてきたわけですけれども、同時に、行政参加というか、むしろ地域福祉という一種の空間のようなものが行政の外側にあって、そこに住民も参加するし、行政も参加する。そういう「地域福祉実践」

という用語によって表されるような空間がどう造られていくかということが、重要になっている時代だと思いますね。今までは、実践というと専門家が、社会福祉の援助を実践するということを意味する形になっていたわけですけれども、地域福祉というのは、行政や社会福祉協議会の職員がやることを実践というように指すのではなくて、いろいろな住民やグループがそこに参加して、新しい地域福祉の実践空間というようなものを作っていくところに、福祉の活性化というか地域の活性化の条件があるのではないか、と思うわけです。

今回、二〇〇三年四月から地域福祉計画策定ということが登場したわけです。この計画策定の先にある地域福祉実践という空間にいきなり参加するということは、行政としてどうも躊躇する傾向があると思うのですね。そこで最初の練習問題なり、実験場として地域福祉計画の策定という空間が想定されているのではないかと思うわけです。ですから、武川さんがおっしゃったように行政からすると、行政がまさに行政計画として作るわけですけれども、従来のような行政計画ではなくて、行政の枠の外側に置かれた計画策定の空間を演出しなければならないというところに、従来の公的計画のアプローチではなかなか上手くいかないという点があるのではないかと思います。

メゾ空間にある地域福祉

武川　ひとつの練習問題という言い方は非常に共感します。つまり地域福祉計画を上手く作れるように行政と住民がなる、ということがさっきいった新しい地方自治のあり方というものを示すようなことになるわけでしょう。だからそういう意味でいうと、地域福祉計画作りというのは、地方自治の学校みたいな意味合いをもってくる。つまり、みんながどれだけ上手く地域福祉計画を作れたか、ということによってそれぞれの地域の地方自治というものがどれくらい成熟したものであるか、ということを測れるひとつの指標になるのではないのかなと思います。

それからまた、社会福祉の従来の考え方は、政策と実践は別々のものであるという二元論の考え方に立っている、あるいは援助技術と政策とは別であるというような考えに立っていて、それはそれなりに理由があったと思うのですが、ある意味で地域福祉計画というものが、そういう政策論と実践論というような二項対立というか二元論を統合する、あるいは、より高い水準から両方を取り込んでいくきっかけになるようにも思われます。そこまでいうといい過ぎですか。

平野　政策と援助・実践を、仮にマクロとミクロと考えると、その中間領域すなわちメゾに地域福祉実践なり地域福祉計画の策定という空間は相当するのではないかという話だと思います。政策のサイドからみますと地域福祉はかなり自治体固有の領域として成立してくる分野です。その意味では、従来の福祉つまり国庫補助の福祉から、自治体独自に住民の参加を得ながら、地域での新しい生活の質を提起していく福祉というように、住民の組織化という実践を内包している地域福祉計画というのは、福祉の政策のあり方を変えていく可能性をもつものです。政策と援助の融合領域ということができると思うのですね。

武川　話は脱線してしまうかもしれませんが、最近の社会福祉の世界では、政策と援助技術、あるいは、政策と実践を分けて、後者の方の純化を図っていこうという動きがみられるように思います。アメリカのような所でしたら、政策と関係なしにソーシャルワークとか援助技術を考えることができるかもしれませんが、日本やヨーロッパのような国では、政策を抜きにしてソーシャルワークは語られないではないのではないでしょうか。その辺は医療と違うように思います。

日本のようなところでは、政策をある程度前提にしなければ実践を考えることができないのではないか。そういう意味でいうと地域福祉というのは、いま平野さんがおっしゃったようにまさに政策と実践が融合する場ですから、政策と実践のあり方を考えるうえで、ますます重要になってきますね。これはある意味で、社会福祉の流れを大きく変えるものだとさえいえます。

平野　今度は援助・実践という側面から地域福祉との関連をみてみると、ミクロの場合ケアワーカーの人たちにとって地域福祉がどういう意味をもつかという点が大変大事だと思いますね。それは、先ほど武川さんが、地域福祉は社会福祉の重要なマターになったとおっしゃったわけですけど、その最大の現場は実は施設だと思います。

つまり、社会福祉といえば出発は施設福祉だったわけですから、さらにその施設福祉が、例えば、社会福祉法の三条では、個人の尊厳の保持を目的としてサービスは提供されなければならない、ということになりました。個人の尊厳とは、これは四条の、地域社会の一員として個人をとらえるという発想なわけですから、そういう意味では、施設のなかでその人が完結するのではなくて、地域社会との関わりということを施設のなかのケアワーカーにおいても考えなければならない。

このように社会福祉法がいわばケアワーカー自体にも地域福祉を実現するということを求めたと考えれば、逆に個々の個別的な判断というよりは、もう少しメゾ的なものに向けてケアワーカーも考えや見方が広がっていくことが必要で、そういう点でも社会福祉全体を覆って〝地域福祉の主流化〟が生じ、ソーシャルワーカーというレベルだけではなくて、むしろケアワーカーにおいても大変大事な点が提起されていると思うわけです。

地域福祉計画の中身の議論としては、どちらかというと、住民参加の議論が大変多いのです。しかし、地域福祉計画のなかで提供する福祉サービスの中身は一体何か、つまり、地域福祉を指向した福祉サービスとは一体何か、ということの議論は実は重要なのです。この対談の後半でも触れることができればと思います。武川さんが教育を例におっしゃった点でいうと、教育においても、方法から中身に議論が移っていった歴史があるわけですから、当然今度は、地域福祉の中身、自治体が進める地域福祉の中身とは何なんだ、ということが問われるようになるわけです。手続上の住民参加だけではなくて、そこで提供されるサービスの内容についても地域福祉計画のなかでかなり議論は深めなければならない点だと感じています。

計画策定の事例に学ぶ

武川　平野さんは高浜市の事例で従来のやり方と違う形での地域福祉計画の策定に協力されましたが、その辺の事情についてお話しいただけますか。

平野　高浜市の地域福祉計画における選択の一つは、介護保険を機に一気に福祉自治体という名声を得た自治体なわけです。市長のトップダウンでそこへのし上がったという部分があります。今の地域福祉の時代においても、同様の方法を選択するのか。いいかえれば、介護保険の場合には保険料さえ上げることができれば息がつけるわけですけれど、地域福祉の場合には、有効な資源を地域から具体的に参加という形で調達しながら住民が望む福祉を実現するという共同作業をともなうわけです。そういう点では、トップダウンによる

「総合化」では答えを見つけられないという発想が、トップの判断のなかにあったといっていいのではないかと思います。

武川　平野さんは、大阪で、以前、地域福祉計画作りを先頭に立って一生懸命やってきたけれども、完成したあとで後ろを振り向いてみたら、後ろには誰もいなかったという経験をされて、高浜市では、これとまったく違うやり方で計画を作ってみようと思われた、と以前おっしゃっていましたけれども、その辺どうですか？

平野　誤解を生むかもしれませんが、地域福祉計画というのは、住民の参加による自己実現の場であるとともに、地域福祉研究者の自己実現・実践の場でもあると思うのですね。さきほどから議論になっている地域福祉の総合性みたいなものをどう計画のなかに描くかということが目的化してくると、その「総合化」を誰が担うのか。武川さんは以前から行政のプロが担うことの方が住民参加に任せるよりはいい面があることに触れられてきていますが、研究者主導の総合化みたいなものへの期待があるというように思います。

しかし、結果的に研究者が一生懸命に描く総合的な地域福祉のデザインが、プロセスのなかに住民の納得を得ながら計画項目として加えられていったのではありませんから、住民に理解されない、あるいはそれがたとえ達成されなくても、住民はほとんどそれに関心がないという形になるわけですね。内容的にいい計画であっても、住民が行政に対して実現していないのではないかというような後押しがなされないという点からしても、計画の総合性だけで絵に描いた餅になってしまったという経験がありました。

そのため高浜市では、この「総合化と住民参加」の矛盾を、研究者による枠組み上の調整ではなく、一定の緊張関係を作り出しながら、いわば実際に住民から出されてくる素材を編集していくような空間としての計画策定を何とか確保したいと考えたわけです。その結果、一つひとつの計画項目の実現に対する住民の期待度、あるいはそれを実現させるために住民がそこに協力していく程度、そういうものが大変高まりました。その背景にはかなり行政も積極的に実現の方向に努力するというか、そういう関係が作られたのではないかなと思いますけれども。

武川　平野さんから行政計画のコンテクストのなかで、また住民参加の延長上でも総合化というのが問題になるというご指摘があって、なるほど、と思いました。社会福祉施設が日本の場合非常に複雑であるというようなこととの関係でちょっと思いだしたことがあります。最近、韓国に何度か行く機会がありましたが、韓国の社会福祉の制度は日本の制度を非常に参考にしており、こちらが社会事業法を改正したら、むこうも社会福祉事業法を社会福祉法に変えようと検討しているといったように、非常に似ているところがあります。韓国にも社会福祉協議会があるようです。ただ、社会福祉の施設が社会福祉館というような形で一本化され総合化されている点は日本と違いますね。

これには功罪があって、われわれ日本人の目からすると、社会福祉館というのは非常に大規模な施設でして、施設の小規模化という流れに身を置いている立場からすると、非常な違和感を覚えます。専門店ではなくデパートみたいな社会福祉館があってそこで何でもかんでもやっているといった感じです。

けれどもメリットもあって、社会福祉館は、縦割りではないから何でもできるわけです。例えばＩＭＦ危機でホームレスのことが急に問題になると別にどの法律に基づく施設かなどと考えることなく、社会福祉館がすぐ対応して、ホームレスの人たちに宿を提供するなんていうことが比較的簡単にできる。そして、経済が回復して、そういう人たちも少なくなったとなると、そこはすぐに閉鎖し、また違う課題に応えようとする。地域福祉の課題に柔軟に対応できます。

それに比べると日本の方はフレキシビリティがないですね。われわれは補助金付きの社会福祉施設を前提にして物事を考えているから、どうも視野が狭くなってしまいます。地方分権が進むと、いまのような硬直的な社会福祉施設の体系を前提にしないで、地域の実情に応じて、もっと柔軟に考えていくことができるようになるでしょう。現在の行財政の枠組みはもしかしたら、ここ何年かで大きく変わってしまうかもしれませんから、そういうことも、今から考えておいたほうがいいのではないか、という気がします。

平野　それは、おそらく地域福祉計画の住民参加の側面だけではなくて、先ほど触れましたサービス内容を計画のなかにどう盛り込むかということと関係していると思うのですね。地域福祉型の施設というか、拠点というものをどう作っていくか。それを新築でというとすべて同じものになっていき、結局地域福祉型施設補助金というようなものが付いていくということになるわけです。そうではなくて、その地域にすでにある施設を改築しながらやっていくことや、ある法人があって、そういう施設ができたというものをどう地域の財産に還元していくかということが重要だと思います。つまり、地域にあるさまざまな施設を地域福祉型の施設に転換していくことを計画の理念なり、なんらかの形で掲げる必要があるのではないかと思うのです。

ですから地域福祉計画の総合化のひとつの大事なところは、そういう地域にあるいくつかの社会資源をどういう方向に地域は活用していくのかというきっちりとしたミッションを掲げる計画としての総合化ということですね。それは縦割り的に作られてきたものですから、それを地域流にどう活用していくか、まさに地域型施設としてということです。つまり地元のなかで問題が解決できるように施設機能を変えていくこと、例えば重度の何々施設だといわれていた単機能の施設の運用を多機能化させるような転換がいわば地域福祉の理念に基づくものですし、かつ地域から離れないで生活できる基盤になるわけです。つまり地域のなかの施設で暮らすということが前提ですけれども、それは多機能でないと離れてしまうということになるわけです。

　高浜市のような小さな町だと、やはり重い人の入所や通所になると当然高浜市市内だけでは実現しません。もちろん高度な専門的なものを受けるために遠くへ行くということは避けられませんが、そのなかでも部分的に地域のなかで実現する要求というのはあるわけですよ。その点に対する規制緩和を含めた利用方法というのが地域福祉という視点で提起され、住民が基本的にそれを支持するということが大事だと思うのです。

　こうした視点から高浜市の計画をみますと、次のような特徴を指摘できます。地域福祉計画をこれまでの高齢者の成果を中心に展開するのではなくて、むしろ障害者の問題から考えることをきっかけに住民参加をやりました。その人たちが最初に考える問題は、少数の問題、障害の問題ですから、武川さんがさっきおっしゃった地方自治の学校としての機能を地域福祉計画がもったといえます。計画策定のなかでいくつか成果が出ましたが、この点がそれらの成果を出すための条件だったのではないかなと思うぐらいです。

武川　確かに高齢者だけではなく障害をもった人

たちの問題を解決するということは地域福祉の課題ですよね。ですから高齢者の問題だけをみていたのではみえてこないような問題がそこに出てきて、それをそれぞれの人たちが考えていくというきっかけになるという点では非常にいいかもしれないですね。

自治の学校としての策定空間

平野　地域福祉が前提とする住民参加というのは、ある意味で住民は善良であるという側面が大変強いわけです。もう一つの地域福祉に期待された課題、例えばホームレスとか、精神障害者などの地域社会から排除される傾向のある人たちの問題についても、地域福祉計画で取り上げて下さいね、という希望があるわけですけれども、いざその段になると実際には地域というのはそう簡単ではないわけですね、その理解に対して。自治の学校としての地域福祉計画からすると、嫌な宿題はやらないというのでは学校にはならないので、場合によっては排除するような意識をもっている地域に対して、行政はこの計画策定を使ってそのことを学習してもらうという高いミッションをもったメッセージを投げかけることも大事なのではないかと思うわけです。

そういうことをいうと、住民は参加してくれないのではないかというアプローチではなく、差別や排除がみんなの意識のなかにつまり地域のなかに存在していることを前提に考えるような、まさに学校として策定空間を運営する方法が必要なわけです。しかしそれを実現するには、地域福祉計画を担当する人の力量が問われているのではないかと思います。

武川　いまおっしゃられたように、住民は善良であるということを前提にした見方が一方にありますが、他方で、行政の方でとくにそうですが、住民は怖い、住民参加なんかするとつるし上げられる、追及されるといったような見方もあります。しかし実際の住民はどちらでもないし、どちらでもあるというように、揺れ動く複雑な存在ではないかと思うのです。ですから、フランクにいろいろなことを論じ合えるようになってくると、行政の〝敵〟であるというような住民像は変わってくるでしょうし、逆に、善良であると思っていた住民も善良でなかったというような、その辺の行き来というのが出てくるのではないでしょうか。ただ最初に心配していたことも、実際にやってみれば杞憂だったということも経験的に多いような気がします。もちろんこじれることもあるかもしれません。しかし、住民参加は、とにかくやってみるということが大切でないかと思います。

平野　そういう点では、学校というか、学びの場として地域福祉計画の策定過程において、実習みたいなものがいると思うのです。つまり体を使った体験、あるいは実際に授業というものを実験してみるとか、そういう行為がないと単なる参加に終わってしまい意味がない。つまりそれをこういうふうに判断しましたよという参加のレベルだけではやはり学習効果も弱いのではないかと思います。むしろ単に発言しているだけではなくて実際の活動や事業の実現の困難さみたいなものを、あるいは逆にいうとやってみたときの予想もしなかった満足感というか、あるいは自分がもっていた偏見というものがいかに実際に体験してみるとそうではないものだと気付くとか。

そういう意味では、実習・実験型の運営というものを計画策定過程のなかにどう取り込むかが問題となるわけです。それは、ワークショップが大変大事だという指摘にあらわれています。実際ワークショップというのは、一般地域住民にはなじまない面もあるわけですが、ワークショップのひとつの重要な要素である体験、すなわち体を動かすような活動実験が、とても大事なわけです。そのような意味で、高浜市で用いた実験的な事業の試みは貴重であったように思います。私はそこでの行政職員の新しいリーダーシップに敬意を表したいと思います。先送りしてしまいそうな課題を先送りしないで、小さい単位で実験的に住民との協同によって、部分的に実現する。住民参加による実験事業は、行政からするとリスク分散の方法だと思うのです。一挙に大型の施設を作るというよりは、小さな実験を通して計画を選択する。現在はそういうことをやらないとお金がつかないような財源状態でもあります。地域福祉というのは、「実験福祉」であるということが高浜市の計画現場では確認されていました。それは住民参加のひとつの姿ではないかというふう思います。

武川　地域福祉計画が学校であるという合意ができましたね（笑）。実験とか実習が重要になるという話ですが、それと並んで重要なことは、実験や実習には失敗がありうるということだと思います。ところが失敗することは別に悪いことではないのだけれども、どうも失敗を恐れる傾向というのが行政にも住民にも強くなっています。とくに住民の方も行政というのは完全無欠であるというように考えてしまいがちです。行政の方も自分たちは絶対に誤らないという信念をもっているのですが、行政だって間違えることはあるわけだし、住民だって正しいこともあるし正しくないこともあるわけで、そういうことをお互いに認識することが必要でしょう。完全無欠を求めたり、相手を追及したりするというのではなくて、対等なパートナーとしてお互いに鷹揚にならないといけない。住民は行政に対して、行政は住民に対して包容力をもつということが必要になってくるのではないでしょうか。

すでに地域福祉サービスとしてどういうものが必要かという問題に入っていますが、何かその点に関してご意見はありますか？

地域福祉型のサービスとは

平野　私は総合性という点で、すべての社会福祉サービスをカバーするような地域福祉計画というのはまず無理だと思っているわけです。そういう意味では今までの社会福祉サービスが実現していなかった、あるいは新しい方向性をみせるようなそういうものがやはり必要なんだろうと思います。それは簡単にいってしまえば、〝施設福祉＋在宅福祉＝地域福祉〟だという総合化のひとつの方程式みたいなものがあるわけですけれども、私はそういう立場をとりません。

むしろ施設福祉でもない在宅福祉でもないそういう新しい地域のなかで暮らしていくという福祉があるのだという狭義の意味でのモデルというものを地域福祉計画のなかに盛り込むということが大事だろうと思うわけです。そういう点では、ひとつはグループホームみたいに地域のなかで、だけど自宅ではない、施設でもないという暮らし方みたいなものをどう新しく生み出していくかということがいえます。

高浜市で議論していたときに、「障害者の人たちが昼間行く場所が高浜市にはないよね」ということで、障害者の居場所づくりが議論になったわけです。つまり地域社会のなかに自分たちがいきいきと役割をもって、そこで遊べる、働けるという自己実現が果たせるような場所を作っていくということが大事という結論になりました。生活の質というのは、実は「地域生活の質」ということが問われているのだと思います。家のなかで行われる生活の質ではなくて、地域社会や他人との関係のなかで実現する生活を私は地域生活と呼んでいるわけです。そうした人との関係作りのなかで、生活実現するような時間や空間みたいなものをやはり地域福祉計画は提供するという段階にきていると思います。

高浜市の場合には居場所作りという表現で計画に盛り込まれたものです。その過程で面白い現象がありました。当初は住民の要望から障害者の居場所を作ろうということになって、それを実験してみようということになったわけです。そのときに、高浜市の住民参加には小学生、中学生、高校生も参加しているのがひとつの特徴ですけれども、彼らは居場所がないのは障害者だけではない、僕たちだって放課後居場所がないと言い出しました。そういう意味では、本当に障害者だけの居場所を考えるという発想では、目指すべき地域福祉からすると遅いのですよね。その結果、高浜市ではその居場所の名前を「みんなの家」として事業に組み直したということなわけです。障害者のための居場所ではなくて、子どもたちも集まれる居場所という意味で「みんなの家」でなければならない、というところにたどり着いたのです。

武川　〝施設福祉＋在宅福祉＝地域福祉〟ではなくて、地域生活の質みたいなものを基軸に考えるのですね。

平野　そうですね。それが地域福祉計画を目指すべき固有の領域として、ぽかんと空いている、つまり埋まっていない、そういうものだし、そこを選択肢として提供するということが私は地域福祉計画のひとつの使命なのではないかというふうに思いますけれども。

武川　つまり〝地域福祉－（マイナス）施設福祉－在宅福祉〟という領域があって、それを対象として発見していくということが、方法としての地域福祉だ、と。平野さんは、地域福祉における自発性の契機を重視していますけれども、それがこんなところに現れるのかな？

現在、地域福祉の妨げになっているのは施設福祉でも在宅福祉でも国が画一的に決めていることでしょう。北海道から沖縄まで通用する全国共通の在宅福祉サービスが存在する、という哲学が厚生労働省のなかには存在しているわけですけれども、そんなことはないんですよ。例えば沖縄とかに行くと入浴サービスはそんなに必要ではない、つまり入浴ではなくてシャワーの習慣の方が強い。つまり入浴サービスを必要としている地域とそうではない地域がある。また、北海道や東北の方に行けば、やはり雪をどう取り除くかというのが地域福祉の絶対条件ですね。ところが、そんなことは沖縄とか九州では関係ないわけです。日本は広いですから地域の多様性の幅も大きいのです。それなのに何でもかんでも全国一律でやるという傾向が存在します。

地域福祉計画を作るということは、さきほどいった〝地域福祉―施設福祉―在宅福祉〟の部分を増やしていく、あるいは一律の部分、これはまったく必要ないということではありませんが、一律でないところを多く含むような形にしていく、こういうことが重要になってくるのではないかと思います。ですから、分権化というのが、やはり地域福祉計画にとっても大前提になってくるでしょうね。

平野　行政が与えられた財源のなかで地域福祉の資源なるものに優先順位をつけながら、あるいは共同利用というような視点も含めてどう計画するかという話になったときに、本格的に住民参加が実現するのではないかという気はします。逆にいうと、自治体も勇気をもって地域のニーズに向き合うことができるか、そういう意味では国から下りてくる仕事をこなさなければならないという向き合わされ方ではなく、独自に地域のニーズに向き合うことが重要であるという気がします。基本的には財源委譲が必要なのではないかと思います。

今、都道府県がどういう役割を果たすかというのが大きな問題になっているかと思います。現在の都道府県財政からすると誘い水的なものしか用意できないかもしれないですが、地域福祉を地域のニーズに合った対応がきく計画に誘導できるような県の単独補助事業、そういう役割は同時に必要ではないかなと考えます。つまり、地域福祉計画の内容をこうだと規定するのではなくて、市町村が県の支援を借りながらその個別ニーズに一歩、それこそ実験できるようなことを支援するような都道府県の役割があるのではないかと思います。

武川 今日は長い間どうもありがとうございました。

（二〇〇三年六月）

第Ⅲ部

地域福祉を取り巻く福祉国家と福祉社会

7　福祉社会の変容と福祉サービス

1　グローバル化・消費化・超高齢化

いまから二〇年以上前、二一世紀の日本を展望するために、未来学的な予測を行った報告書が、多数刊行されたことがある。その際、予測の前提として置かれたメガ・トレンドは、国際化・情報化・高齢化である場合が多かった。政府もその三つの鍵概念を標題や副題に掲げた報告書をいくつか出版した。例えば、経済企画庁総合計画局が一九八二年に編集・刊行した『二〇〇〇年の日本シリーズ』の一冊目の副題は「国際化、高齢化、成熟化に備えて」であった。

これらの趨勢は、二一世紀初頭の今日でも、基本的には続いていると考えられる。しかし、その様相は、多少変化してきている。

国際化（internationalization）とは、国（nation）と国（nation）との間（inter）の関係が重要になってくるということである。たしかに今日でも、二国間・多国間における国際関係が、その意義を増しつつあるのは事実である。日米関係やWTO（世界貿易機関）の動きは、われわれの生活を直撃する。しかし今日では、こうした国と国との間の問題だけでなく、それを超えたグローバルな問題が出現し、それがわれわれの生活を翻弄するようになっている。地球環境問題はこうした問題の最たる例であろう。また、国境を越えた資本の動きは、もはや各国政府の制御の限界を超えてしまった。今日のこうした事態は、単に「国際化」というよりは、「グローバル化」と表現した方が適切であり、実際、そうなってきている。

従来、福祉サービスを扱う社会政策は、各国政府の自由裁量の下にあり、国内管轄事項だと考えられてきた。ところがグローバル化した世界のなかでは、安全保障問題や地球環境問題だけでなく、国民の福祉に関する問題も、もはや純然たる国内問題とは呼べなくなっている。例えば、ドイツやスウェーデンのように八〇年代までは高福祉高負担の政策を採りながら、経済的成功を収めてきた国々も、九〇年代に入ってからは、国際競争圧力のため、従前の政策の変更を余儀なくされるようになった〔武川 一九九九c〕。

また、情報化については、八〇年代に比べていっそうの進展がみられるようになっている。当時、インターネットは、大学や研究所の一部の研究者のものでしかなかったが、今日では多くの家庭のなかに入り込んでいる。また、福祉サービスとの関連でいうと、こうした情報技術の革新だけでなく、これに基づく「消費化」といった点にも注意を払わなければならないだろう〔見田 一九九六〕。かつての少品種大量生産の時代にあっては、通常の私的財やサービスも画一的なものであったから、福祉サービスが画一主義的に供給されたとしても格別の違和感はなかった。とこ

図７−１　健康・社会サービスを取り巻くメガ・トレンド

ろが情報技術の発展によって多品種少量生産が経済的に可能となってくると、これらの領域でも、フレキシビリティが求められるようになってくる。九〇年代に入ってから日本では長期の不況が続き、消費が冷え込んでいるため、こうした視点は後景に退きがちだが、長期的にみれば、このトレンドは不可逆的である。

高齢化については、とくに質的な変化が生じたとはいえないかもしれない（もっとも高齢化ということだけではなくて、出生率の低下にともなう少子化が高齢化とセットで考えられるようになってきた、という点は二〇年前とは異なる点である。しかし、少子化と高齢化は同じコインの裏表である）。二〇年以上前から人口の高齢化については予測されており、実際、日本社会は着実に高齢化してきた。もっとも結婚や出生に関する家族の変容を楽観視していたために、高齢化の程度を過小に見積もってしまったということはある。しかし、こうした高齢化の趨勢が今後二、三〇年続くということはまず間違いない。今後問題となるのは、単に六五歳以上人口の増加ということではなくて、七五歳以上の後期高齢層（old old）の増加である。その意味で、今日、高齢化のトレンドは「超高齢化」と表現した方が適切かもしれない。

2　福祉国家の再編

このようなグローバル化・消費化・超高齢化といったメガ・トレンドのなかで、福祉国家の再編が進んでいる、というのが、福祉サービスを取り巻く今日的状況である[(1)]。この問題を、ここでは家族・市民社会・国家といった古典的な三分法によって整理しておこう。

健康や福祉の問題に関して、これら三つの領域のなかでは、これまで国家と家族が大きな役割を果たしてきた。福祉サービスが必要となったとき、この必要を充たすのは家族であり、家族による問題解決が困難な場合には国家が登場する、というのが一般的なパターンであった。ところが今日、こうしたパターンが崩れつつあり、新たなパターンを作り出さなければならなくなっている。

家族の縮小

福祉国家は、近代核家族、すなわち夫が家計支持者となって妻と未婚子を扶養する、という安定した家族形態を前提として成り立っていた。第二次大戦後の社会保障のバイブルとなった『ベヴァリッジ報告』〔Beveridge 1942〕が、そうした前提に立脚していたことはよく知られているとおりである〔Loney, Boswell and Clarke 1983 : chap. 2〕。

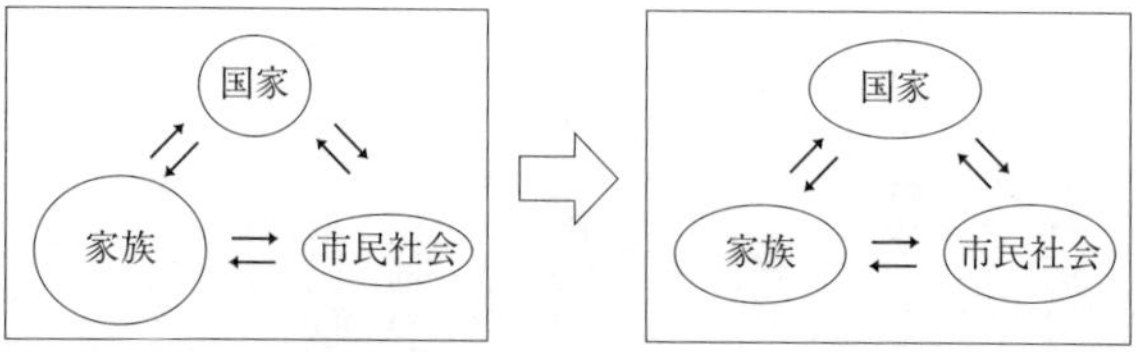

図7－2　福祉国家の再編

しかし、その後、先進諸国では、そうした近代家族は変容を遂げた。女性の労働力率が高まり、妻の経済的自立度は高まった。このため離婚率も上昇し、家族は流動的となった。また、法律婚を望まないカップルも増加した。これらの変化は、当然、人びとの家族に対する意識の変化をともなった。その結果、今日では、家族に対して過大な期待を抱くことは困難となっている〔山田 一九九四〕。

これに対して、こうした家族変容は欧米諸国のものであり、「日本の家族は特別だ」という意見もわが国では相当根強い。日本では三世代の同居率が高く、離婚率も低かった。女性の労働力率も欧米諸国に比べると低く、典型的なM字曲線を描いている。このため日本の家族における同居慣行は「福祉における含み資産」〔厚生省 一九七八：九二〕とまでいわれたことがある。政府の研究会が「家庭基盤充実」といった提言を行ったこともあった〔内閣官房 一九八〇〕。

しかし、八〇年代九〇年代を通じて日本の家族も大きく変化を遂げた。「ポストモダン家族」という言葉も生まれた。欧米諸国の家族の変化に比べると、日本の変化にはタイムラグがあるから、現時点で、日本の家族と欧米諸国の家族を比較すれば、たしかに日本の家族の特殊性を指摘することはできる。しかし、今日の日本の家族が七〇年代の家族と相当異なったものとなっていることは認めざるをえない。また、産業化や福祉国家化のタイムラグのことを考えれば、家族の変化におけるタイムラグは驚くに当らない。厚生白書も「家族の果たす役割は、変わりつつある」ことを遂に認めた〔厚生省 一九九六：八〕。

国家の縮小

こうした家族の縮小といった点に加えて、国家の領域における相対的な縮小といったことも、福祉国家の再編を考えるさいには、ふれておかなければならない論点である。

福祉国家は大規模な社会支出を行う。しかし政府の財源調達能力を超えてこれを拡大することはできない。八〇年代初頭のいわゆる「福祉国家の危機」〔OECD 一九八一〕以来、先進諸国では、財政需要をまかなうだけの経済成長を確保することができず、社会支出の抑制を試みるようになった。このため国家領域の相対的縮小が公共政策の議題として上程されるようになり、「福祉国家から福祉社会へ」といったスローガンが叫ばれるようになった。

こうした財政的理由による国家の縮小は、経済成長が再び回復すれば、福祉国家も再び成長するということを含意している。しかし福祉国家の再編の問題は、このような財政的限界といった問題だけではなく、もう少し質的な問題を含んでいる〔武川 一九九九c：三章〕。

その一つは、福祉国家が、すでに述べた情報化＝消費化の進展にともなって人びとの間で生まれてきたフレキシビリティ要求にうまく応えられなくなってきている、ということである。

福祉国家におけるフレキシビリティの問題は、従来、社会政策のなかでも労働政策の領域で主に論じられてきた。すなわち解雇規制、労働時間、賃金などの労働条件の柔軟化の問題である。こうした労働市場におけるフレキシビリティが先進諸国で問題となる背景として、一方には、グローバル化による「大競争時代」の到来といったことがあるが、他方には、情報化＝消費化を通じた消費欲求の高次化といった事態がある。いずれにせよ、それは人びとの生活のなかでは生産の場面における問題であった。

しかし、消費の場面におけるフレキシビリティの問題についても注意を払わなければならない。福祉国家では、多くの社会サービスが政府によって直接供給される。ところが、それらは、フレキシビリティを欠いているために、人びとの消費欲求を十分充たすことができない場合が少なくない。例えば、かつて住宅都市整備公団（現都市再生機構）の分譲住宅が大量に売れ残った、ということがあったが、これは、この問題の象徴的出来事である。

このように大量生産・大量消費の時代には問題とならなかったことが、今日、改めて問題となっている。しかし、これは、ある意味でやむをえないことである。というのは、政府が説明責任を負わなければならないのは、消費者や利用者に対してというよりは、納税者や有権者に対してであり、結果として、政府部門は、民間部門の供給者ほどには、消費者・利用者の選好を尊重しない傾向にあるからである。

もう一つの重要な問題は、福祉国家の施策は、パターナリズムから逃れることができない、というものである。福祉国家の社会サービスは、政府が行うという性質上、権力と強制をともないがちである〔Hayek 1960〕。また、福祉国家の社会サービスには専門的なものも多く、いわゆる「専門家支配」〔Friedson 1970〕をともないやすい。こうした二重の権力によって、福祉国家の下では、消費者や利用者の自由は奪われかねない。とりわけ自己決定や自己責任が重視される社会のなかでは、福祉国家のパターナリズムは回避されなければならない。

財源調達能力、インフレキシビリティ、パターナリズムといった点から、福祉国家の限界が認識されるようになり、福祉国家の再編が求められているというのが今日の事態であろう。そうしたなかで、国家は相対的に縮小していかざるをえないだろう。しかし、それは家族の縮小とは違って、あくまで相対的なものである。したがって絶対的にみると、政府部門が拡大していくということもありうる。

市民社会の拡大

これに対して、市民社会の領域では、福祉サービスに関する活動量が相対的には拡大しつつある。もともと伝統的な福祉国家の下では、家族や国家に比べると、市民社会に属する諸セクターの活動の余地は乏しかった。しかし家族と国家の縮小のなかで、これらの隙間を埋めるものとして、市民社会における諸セクターが健康・福祉におけるサービスの供給量を増やしつつある。出発点が小さかっただけに、その成長の度合いは大きい。

市民社会は大きく二つに分けて考えることができる。市場とボランタリズムである。社会政策学者のティトマスは、交換と利己主義（egoism）によって律せられる通常の市場を「経済的市場」、贈与と利他主義（altruism）によって律せられる領域を「社会的市場」と呼んで区別しているが〔Titmuss 1976：chap. 1〕、このうち「社会的市場」がここでいうボランタリズムに該当する。もっともティトマスの場合は、「社会的市場」は政府部門にも及んでいるので、「社会的市場」のうちの非政府部門というべきかもしれない。

市場において福祉サービスを供給するのは、主として、民間企業である。民間企業に対しても、消費者の欲望を操作しているという批判（ガルブレイスの「依存効果」）や、政府に劣らない官僚化が進行しているという指摘がなされることもある。しかし、概して、民間企業の方が政府より、消費者の需要に対して敏感であり、行動も機動的である。とりわけ「隙間戦略」（niche strategy）を採る小企業の場合にはこうしたことが当てはまる。

伝統的な福祉国家の下では、福祉サービスはビジネスとして成り立ちがたかった。福祉サービスは労働集約的であるために高価格となりがちであり、民間企業は、無償労働（unpaid work）として供給される家事労働に対して、価格の面で太刀打ちできなかった。しかし技術革新による価格の低下や、消費者の購買力の拡大によって、近年では、福祉サービスがビジネスとして成立する可能性が高くなった。とりわけ公的年金の成熟にともない、高齢者の所得水準が上昇してきたことの意義が大きい。また、介護保険の立ち上げによって介護サービスの準市場が成立し、これによって、介護のビジネスとしての成立が見込まれるようになったという事情もある。

ボランタリズムの領域において福祉サービスを供給するのは、主として、民間非営利団体である。今日の日本では、これらに対してNPOという名称が定着するようになった〔電通総研 一九九六〕。NPOの活動は、環境、文化、福祉と多岐にわたるが、福祉NPOは、各種NPOのなかでは比較的大きなウェイトを占めている。福祉サービスの供給においても、NPOは、今日、成長セクターとして期待されている〔全国社会福祉協議会 一九九四〕。その成長の可能性については、まだ未知の部分が大きいが、それが新しい現象であるということはまちがいない。

NPOは、生産者と消費者が近接しているために、中央・地方の政府に比べて、パターナリズムやインフレキシビリティに陥る危険が少ない。「官僚制の逆機能」〔Merton 1957〕とも呼ばれる形式主義や硬直性から比較的自由であるといった事情もある。

また、民間企業と比べても、この点に関してすぐれているとの指摘もある。すなわち「企業は情報の面で消費者に圧倒的に有利であり、それに対して住民の代表によってガバナンス（組織統治）を左右している非営利組織の場合、提供側と需要側との情報ギャップが少ない」〔武智 一九九七：二三二〕というのである。

さらにまた、民間企業が、その性質上、消費者の有効需要に対してしか反応しえないのに対して、NPOは社会的必要の見地に立った行動を起こしうるといった利点もある[(2)]〔電通総研 一九九九六〕。

伝統的な福祉国家の下でも、民間非営利部門は一定の役割を果たしてきた。公共部門が大きな役割を果たしている福祉先進国であっても、福祉サービスについては、例えばドイツのように、民間非営利団体による供給が大きな割合を占めることが少なくない。わが国でも、病院や社会福祉施設の多くは、医療法人や社会福祉法人など、民間の公益法人であった。

しかし、これらの伝統的な民間部門は、慈恵的であるとともに、民間とはいえ公共部門の延長上でとらえられてきた。とくに福祉サービスの場合に、それが顕著である。日本では、社会福祉法人は篤志家の慈善活動として創設される場合が多い。また、一度設立された法人は、措置制度のなかで、行政による保護と規制の下に置かれる場合が少なくなかった。このため、これまでの民間部門は、行政の代行機関や下請機関としての性格を拭えなかった（もっとも、こうした点に対する反省から、社会福祉基礎構造改革のような試みがなされ、社会福祉事業法が改正されて、社会福祉法が成立した。旧来型の民間部門も、今後、その性格を変えていく可能性はある）。

しかし、今日、その成長が期待されているのは、こうした伝統的な民間部門というよりは、市民の自発的諸活動のなかから生成されてきた諸団体である。こうした新しいタイプの民間活動こそが、福祉国家のインフレキシビリティやパターナリズムを克服しうる可能性を秘めていると考えられるからだ。また、繁文縟礼や温情主義に陥りがちな伝統的な民間団体も、その性格の転換が望まれている。

ＮＰＯやボランティア活動が日本社会で脚光を浴びるようになった直接的なきっかけは、一九九五年の阪神・淡路大震災であった。しかし、その背後には、一九八〇年代以来の日本の社会変動がある。家族の変化や人びとの意識の変化を通じて、自発的な市民活動が生まれた。伝統的ボランティアは「中年の中流階級の女性」としてステレオタイプ化されたが、今日のボランティア活動は、家事労働や賃金労働を含む労働一般との関連でとらえられなければならなくなってきている〔武川 一九九九c：四章〕。

3 福祉国家と福祉社会の協働

福祉社会の生成と新たな課題

このように、家族の縮小、国家の（相対的な）縮小、市民社会の拡大、といったトレンドのなかで、現在、福祉国家の再編が進んでいると考えることができる。そして、この福祉国家の再編は、福祉社会の生成をともなう〔武川 一九九九b、二〇〇〇b〕。

従来、福祉社会に関する問題は、「福祉国家から福祉社会へ」というコンテクストのなかで語られてきた。そこには「福祉国家の限界」という問題が横たわっていたからである。一九八〇年代の前半に「日本型福祉社会論」と呼ばれる議論が脚光を浴びたことがあったが、この場合の福祉社会は、福祉国家の否定のうえに成り立つものであった〔自由民主党 一九七九〕。

しかし、今日では、福祉社会を論ずることは必ずしも福祉国家の否定を意味しない。むしろ福祉社会が福祉国家に取って代わると考えることには大きな困難がともなう。というのは、第一に、福祉サービスの場合、通常の私的財と同じような市場を期待することは困難だからである。八〇年代以来の先進諸国における社会サービスの民営化の実験の結果明らかとなったことは、公共部門の支えなしに社会サービスの市場が自立的に存在することはありえない、ということだった〔武川 一九九〇、一九九一、一九九九a〕。

また、第二に、その拡大が期待されている民間非営利部門の場合も、それが一定の規模に達するためには、公共部門による条件整備が必要である。今日、ボランタリズムといえども、公共部門の提供するインフラストラクチャーなしに十分な活動を行うことはできない。事実、大規模なNPOセクターが存在している国では、政府によるNPOセクターへの助成が存在している。したがって、福祉社会は福祉国家による下支えがなければ十分な展開をすることは困難だとみなければならない。また反対に、かつてロブソンが強調したように、人びとが福祉コンシャスになっているという意味で、福祉社会が成立していなければ、福祉国家の成立は困難である〔Robson 1976〕。したがって問題は、「福祉国家から福祉社会へ」というよりは、むしろ「福祉国家と福祉社会の協働」ということになるだろう〔武川 二〇〇〇b〕。

とはいえ、この場合の福祉国家は伝統的な福祉国家とは異ならざるをえないだろう。伝統的な福祉国家では、インフレキシビリティやパターナリズムの問題に応えることができないからであ

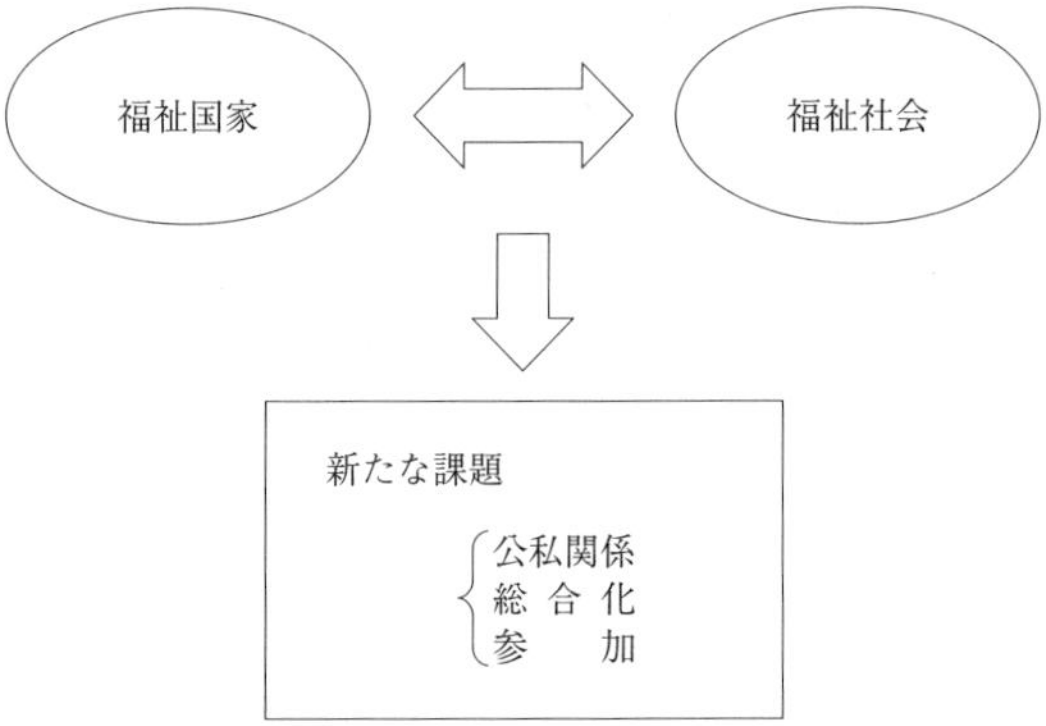

図7−3　福祉国家と福祉社会のパートナーシップ

る。また、福祉社会の方も、かつての日本型福祉社会論にみられたように、家族や企業福利を過大に評価するものであってはならない。それでは八〇年代以降の日本社会の変動を無視することになってしまう。ここでいうパートナーシップは、再編後の新しい福祉国家と、生成中の新しい福祉社会との間のそれである。

このような福祉国家と福祉社会との間のパートナーシップを確立するうえで考慮しておかなければならない問題がいくつかある。ここでは、そのうちの①公私関係、②総合化、③参加といった三つの問題について、検討しておこう。これら三つの問題は、福祉国家と福祉社会とのパートナーシップを確立するうえで、とりわけ行政が解決しておかなければならない課題を示しているように思われる。

公私関係

公私関係は、福祉サービスにおいて公私の役割分担をどのように考えていくべきかという問題である。純粋な福祉国家や純粋な福祉社会では、この問題は発生しない。それは、福祉国家を支えにして福祉社会をいかに展開させるかという問題意識にたったときにはじめて現れる。

公私の選択基準に関する古典的理論としては、ウェッブ夫妻によって定式化された、いわゆる「平行棒理論」（parallel bars theory）と「繰り出し梯子理論」（extension ladder theory）が著名である〔Johnson 1981：114-5〕。前者は、公共部門と民間部門はそれぞれ別個の対象者に対してサービスを行う、というものである。この理論を現代的なコンテクストのなかで読み替えると、高所得層に対しては民間部門が、低所得層に対しては公共部門がサービスを平行的に供給する、ということになるだろう。これに対して、後者は、公共部門が国民全体に共通するサービスを供給し、民間部門は、繰り出し梯子のように、公共部門のサービスに追加的な供給を行う、というものである。

繰り出し梯子理論は、ナショナルミニマムの考え方につながるものであり、福祉国家における公私の役割分担の考え方のひとつの原型となった。公的年金と私的年金との関係や、公的医療保険と私的医療保険との関係などは、この理論に基づいている。しかし福祉国家のなかでも、住宅供給などは、平行棒理論に近い考え方に基づいている。

福祉サービスの領域でも、公的介護保険が制度化されることによって、年金や医療のような繰り出し梯子理論的状況が生まれることになるだろう。繰り出し梯子理論的な公私関係は、国民を、公共サービス利用者と民間サービス利用者に階層分化させないというメリットがあり、この点では今日でも意味があると思われる。しかし、それは財源に限った話であって、供給主体に関しては、繰り出し梯子でも平行棒でもない多元的状況の方が、効率という点からみると好ましいかもしれない。

国家の縮小と市民社会の拡大というトレンドのなかでは、財源はともかく供給に関しては、公共部門はなるべく手を引いた方がよい、という考え方もありうる。例えば、イギリスの地方自治論のなかでは、自治体はサービス供給者（Provider）としての役割を放棄し、みずからの役割をイネイブラー（Enabler）――条件整備者と訳されることが多い――に限定すべきだという考え方が提唱されたことがあった。

しかし日本の場合、福祉サービスの領域で、プロバイダーとしての公共部門の役割を全否定することは現実的でない。民間部門のプロバイダーが存在しない分野や地域は存在しており、そのようなところでは公共部門によるサービスの提供が必要となる。と同時に、あまりにも大きな公共部門の存在は、プロバイダー間の競争を妨げ、サービスの質や効率にとって、必ずしもよい結果を生まないだろう。日本はこれまで、ヨーロッパ諸国ともアメリカとも異なり、医療、高等教育、放送、鉄道など多くの公共的サービスの分野で、公共部門と民間部門が併存してやってきた。福祉サービスの分野でも、こうした公私関係が形成されるかもしれない。

総合化

総合化は、福祉サービスの内部で、また、福祉サービスと他の社会サービスとの間の総合や統合をいかに達成するかという問題である。福祉サービスにおける総合化の必要性は相当長期間に及んで叫ばれ続けている〔武川 一九九七b〕。

福祉サービスにおいて、とりわけ総合化が必要となるのは、第一に、サービスが断片化していると、サービスの効果を著しく損なうからである。人間の生活は連続的であり全体的であるのに対して、サービスの方は、人間をカテゴリカルに分類して、非連続的なサービスを提供する。このためサービス利用者は各サービス間をしばしば「盥回し」にされることになる。

例えば、京極高宣は「短い老後に三回もタライまわしされる」例として、次のような事例をあげている。「地域社会のひとり暮らし老人が身体が弱ってくると、家庭奉仕員を派遣してもらうか、あるいは養護老人ホームに措置されることになるが、障害程度が重くなると、いずれの場合も特別養護老人ホームに移管させられ、さらに最終的には病院に入院させられるのが通例である」〔京極 一九九〇：二一七〕。

第二に、サービスが断片化され、総合化されないと、サービス利用者の間で著しい不公正が生じる。サービスが組織化され総合化されていない場合、利用者の必要に応じてではなく、偶然的な理由によって、サービスが利用できたり利用できなかったりするということが起こる。また、類似のサービスを利用していても、どの制度を利用するかによって費用負担に大きな差が出てくる場合がある。

第三に、サービスが断片化され、総合化されないと、サービス供給に不効率が発生する可能性がある。資源の稀少性という条件の下では、人びとが必要とする資源は不足しがちである。このため供給されるサービスの間で重複や遺漏があると、効率が損なわれることになる。いわゆる「社会的入院」は、医療と福祉の総合化がうまくいかないために生じた、社会サービス間の不均衡の例である。

総合化はサービスの供給が一元化されれば容易に達成することができる。したがって、以上の問題は、サービスが公共部門によって独占的に供給されれば、ある程度解決されるかもしれない。しかし国家の縮小と市民社会の拡大というトレンドのなかでは、それはできないし、また、好ましいことでもない。このため総合化は、サービス供給の多元化や混合化といった要請と両立可能な形で追求されなければならない。

ところで総合化と一口でいっても、そこには諸サービスの結合の度合いに応じていくつかの段階がある〔武川 一九九七b〕。最も原初的な段階は、サービス供給者間の「連絡」であり、そこでは各プロバイダーが互いにその存在を認知し、情報の交換を行うことになる。第二段階は「調整」と呼ばれるものであり、そこではプロバイダー間の情報交換によって、一定の行為（action）が派生する。その結果、サービスの重複、非両立、過不足などの解消される可能性が高まる。第三段階は「連携」や「協働」とも呼ばれる「協力」の形態である。この段階では、諸サービスの結合の障害を除去するだけでなく、さらに目的の共有とサービス間の有機的つながりが追求される。第四段階は「統合」であり、そこではプロバイダーが統一され、一元的（monolithic）なサービス供給が行われる。

他の条件が一定であれば、総合化は、段階が進むにつれて、それだけ効果が上がることになる。しかし「統合」の段階は、多元化や混合化の要請とは両立しない。したがって、福祉社会という条件の下で追求されるべき総合化は、第二段階の「調整」または第三段階の「協力」（「連携」・「協働」）ということになるだろう。このため「調整」や「協力」のための条件整備というのは、行政の重要な仕事となる。

最後に総合化との関係でふれておきたい点は、民間部門によるサービスの一元的供給についてである。公共部門による一元化の可能性は乏しいが、民間部門のなかで、ひとつのプロバイダーが保健・医療・福祉のサービスを「保健・医療・福祉複合体」として供給することはありうる〔二木 一九九八〕。これはある意味で、民間主導によるサービスの「統合」の実現といえる。こうした形態の統合は、多元化や混合化と矛盾することがないから、むしろ好ましい総合化の形態ともいえる。

各複合体間の競争が行われれば、多元化の要請とも両立し、かつ、効率の達成も図ることができるかもしれない。しかし、他方で、それは、いわゆるケイレツ的な要素を保健・医療・福祉サービスのなかに持ち込む可能性もある。「系列取引」は市場の効率を損なうという批判が少なくない。また、消費者や利用者の観点からするならば、保健・医療・福祉サービスにおける「抱き合わせ販売」となる可能性もあり、もしそうなると公正な取引を阻害する。しかし、これらの点については、もう少し、時間をかけて見極める必要があるだろう。

参　加

参加は、福祉サービスの供給において、利用者や消費者の自己決定をいかに保障すべきか否かという問題である。ここで参加が問題となるのは、福祉サービスが通常の私的な財やサービスと異なる性質を有しているからである。

まず、福祉サービスの場合、純粋な私的財として供給することは困難であり、このため公共部門による相当な関与が必要となってくる。公共部門が直接のプロバイダーとなる場合もあるし、公共部門が社会計画などの手段を用いて、民間部門の供給に対して規制を加える場合もある。いずれにせよ公共部門による関与は、官僚制に特有な権力現象をともないがちである。

また、福祉サービスの場合、専門家である生産者と素人である消費者の間に情報格差のあることが多く、市場を通じた供給であっても、通常の私的財に比べて、消費者主権が働きにくい。

参加それ自体については、非常に長い論争の歴史がある。しかし他方で、新しい状況のなかで、比較的新しい論点も出てきている〔武川 一九九六、一九九八〕。そうした新旧の論点を取り混ぜて、福祉社会における参加原則を整理してみると、**表7-1**のようになるだろう。以下、それぞれについて簡単に説明しておこう。

福祉サービスは、政治システムの関与する度合いが一般のサービスに比べて大きいから、政治システムにおける参加を実現することが大前提となる。政治システムにおける参加は、民主主義をめぐる議論にまで遡ることができる。その意味で参加は非常に古い問題である。しかし、こうした古典的な議論に加えて、一九七〇年代以降、社会計画における参加をめぐる議論のなかで、新しい原則も提唱されるようになった〔西尾 一九七五〕。

表7－1　福祉国家と福祉社会における参加原則

a．政治システム
(1)　直接参加の原則
(2)　アドボカシーの原則
b．社会サービスの供給システム
(3)　選択の自由の原則
(4)　エンパワーメントの原則
c．社会サービス供給のミクロ状況
(5)　直感的必要の原則
(6)　説明と同意の原則

これらのうちで、とりわけ注目すべきなのは、「直接参加」の原則であろう。この原則は古典的な代議制民主主義に対する反省のなかで生まれた。一九七〇年代に、先進諸国では、開発計画をめぐる紛争のなかで、代議制民主主義の機能不全が指摘されるようになり、代議制民主主義は、何らかの直接参加によって補完されなければならない、と考えられるようになった。

直接参加は、自立した平均的市民の存在を前提としている。このため何らかの事情によって社会的に傷つきやすい（vulnerable）状態にある人びとは、専門家をはじめとする非当事者の助力や代理なしに、政治システムにおいて直接参加をすることが困難である。こうした助力や代理を確保することが、ここでいう「アドボカシー」（advocacy）の原則である。

政治システムに加えて、福祉サービスの供給システムにおいても、専門主義の弊害を取り除くための参加の原則が確立される必要がある。福祉サービスの供給において、人びとの自己決定の可能性を高めるために、利用者のオプションを可能な限り広げる、というのが、ここでいう「選択の自由」の原則である。市場は、参加の観点からするならば、こうした選択の自由を確保するためのシステムとしての意義が大きい。

第四の「エンパワーメント」(empowerment)の原則は、社会サービスの供給に際して、利用者に、市場を介さない直接的な権力(power)を付与するというものである。市場は、貨幣というメディアを通じて制御されるシステムであるから、このメディアを入手しえない人びとにとっては存在しないに等しい。このため、選択の自由の原則は、エンパワーメントの原則によって補完される必要がある。

第五の「直感的必要」(felt need)の原則は、福祉サービスの利用される現場において、利用者が感じ取った必要を可能な限り尊重する、というものである。これまで利用者の抱く直感的必要は、主観的なものとして斥けられる傾向にあったが、こうした直感的必要に対して十分注意を払うべきだ、というのが、ここでいう直感的必要の原則である〔武川 一九九六〕。

第六の「説明と同意」(informed consent)の原則は、福祉サービスの提供のなかで専門家は素人に対して、十分な説明を与えたうえで、消費者の同意を得なければならない、というものである。直感的必要をいかに尊重しようとも、そこにはおのずと限界がある。こうした限界を超えた点において、専門家はみずからの専門性だけに依拠して仕事をするのではなく、利用者の合意を得なければならない。この原則は、本来、医療における人体実験のなかから生まれてきたが、専門性が関係する領域にはすべて当てはまる普遍性をもっている。

4　公共部門の役割

以上でみてきたように、福祉国家の再編というトレンドのなかで、現在、福祉国家と福祉社会の新たなパートナーシップを確立することが求められている。そして、そのためには、公私関係、総合化、参加といった新たな課題が達成されなければならない。こうした状況のなかでは、福祉サービスをめぐって、公共部門が果たしていかなければならない役割は、以下の三つに要約できるものと思われる。

第一は、コーディネーター（調整者）としての役割である。多元化と混合化のなかで総合化を進めるためには、一元的供給による総合化よりも「連携」や「協働」を通じて達成される「協力」の形態による総合化が望ましいことを述べた。このとき第三者機関としての行政には、サービス供給の諸機関の協力のためコーディネーターとしての役割が期待されることになるだろう。また、これと関連して、消費者保護のための役割や、サービスの品質を保証（Quality Assurance）するための監視の役割も期待される。もっとも、こうした場合には、不公正な競争や取引が生じないよう、プロバイダーとしての行政の役割とコーディネーターとしての行政の役割は切断された方がよいといえる。

第二は、イネイブラー（条件整備者）としての役割である。これは、第一義的には、サービスの利用者の参加が可能となるように、利用者に力を与え（エンパワーメントす）ることを意味する。そのためには、政治システムや供給システムにおいて、参加のための諸制度の条件整備（enabling）をすることも不可欠である。さらにまた、総合化との関連における条件整備や、民間部門による供給が可能となるための条件整備（そのなかには社会化された財源も含まれるだろう）も必要となる。このように、イネイブラーとしての行政の役割は、参加だけでなく、公私関係や総合化にもまたがって考えられるべきである。

第三は、プロバイダー（供給者）としての役割である。福祉国家の再編のところでふれたように、福祉サービスの供給において、民間部門の役割が拡大してきた。公的介護保険制度の導入によって、そうした傾向はさらに拍車がかかるものと思われる。しかし、日本の場合、すでに述べたように、公共部門が福祉サービスの供給から完全に撤退してしまうと考えるのは現実的でない。過疎地域では、民間部門によるサービス供給が未発達な場合もみられるからである。また、公共部門が残余的役割のみを引き受けるというのも好ましくない。というのは、そうすると、国民を民間サービス利用者階級と公共サービス利用者階級に二極分解するおそれがあるからだ。とはいえ、公私のシェアは、地域のサービス供給状況に応じて、またサービスの効果に応じて、異なっ

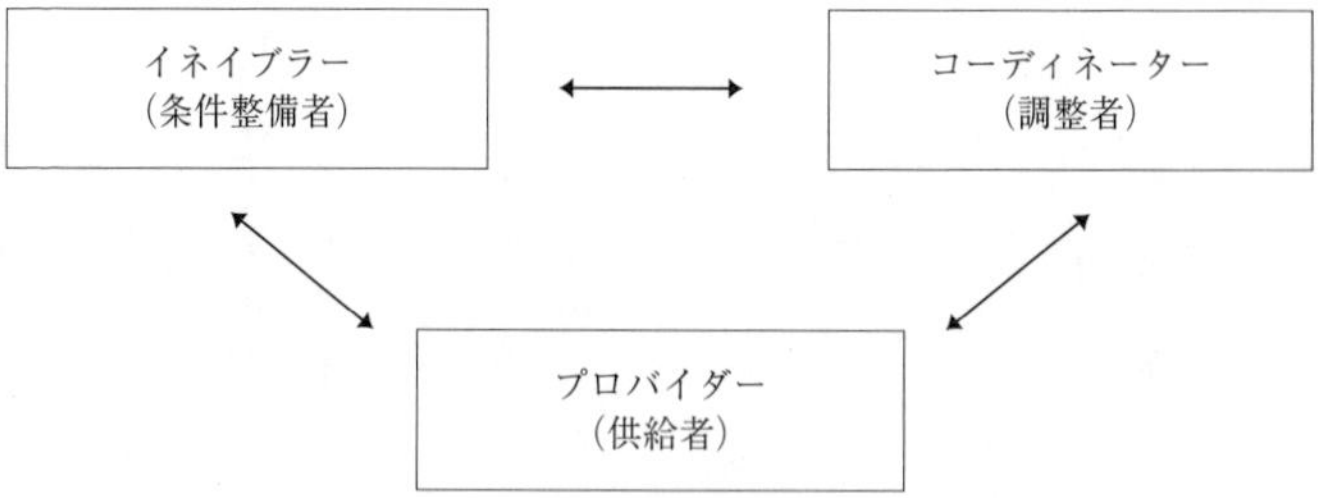

図7－4　福祉国家と福祉社会の協働のための公共部門の役割

てくるものと思われる。

一方で、福祉社会に対しては、国民の福祉に対する公的責任を放棄し、権利としての社会保障を否定するものではないかといった懸念の表明されることがある（「福祉社会の否定」）。他方で、福祉国家はもう時代遅れで、これからは福祉社会の時代だといった類の議論もみられる（「福祉国家から福祉社会へ」）。しかし、福祉国家がこれまで果たしてきた諸機能のなかには、他によって代替されないものがある。また、これまでみてきたように、福祉社会の出現が不可避だといった事情もある。問題は「福祉社会の否定」でも「福祉国家から福祉社会へ」でもなくて、「福祉国家と福祉社会の協働」をいかに築き上げていくべきか、ということであろう。本章は、この問題を解くために必要な基礎作業のささやかな試みにすぎない。二一世紀の初頭には、おそらく、福祉国家と福祉社会の協働のための理論的および実践的な試みが、さらに掘り下げた形で行われることになるだろう。私たちの社会のゆくえは、そうした試みの成否にかかっているように思われる。

（二〇〇一年五月）

（1）日本がそもそも福祉国家か否かということが規範レベルで議論されることがあるが、社会支出の規模といった客観的指標でみる限り、七〇年代以降の日本が福祉国家であることはまちがいない。欧州の福祉国家諸国と日本との間には、福祉国家化の開始時期に約四半世紀のタイムラグがありながら、一九八〇年前後のいわゆる「福祉国家の危機」〔ＯＥＣＤ　一九八一〕については、ほぼ同時に経験した。このため日本が福祉国家であるという事実が容易には受け入れがたくなった、といった事情がある〔武川　一九九九ｃ：五章〕。

（2）必要と需要の相違については、大山・武川〔一九九一〕および武川〔二〇〇一〕を参照。

8　転換期の日本の社会保障——東北アジアのなかで考える1

1　日本の社会保障の半世紀

日本の社会保障制度はすでに半世紀以上の歴史をもっている。労働者を対象とした健康保険法が公布されたのは一九二二年、同じく労働者を対象とした厚生年金法が公布されたのは一九四一年のことである。軍人や官吏に限定した制度はさらに遡ることができる。しかし国民全体を対象とした社会保障制度としての年金と医療が確立するまでには一九六一年を待たなければならなかった。一九六一年に確立された「皆保険皆年金」の体制が現在の日本の社会保障制度の出発点となっている。

日本の社会保障の歴史をみるうえで次に重要な年は一九七三年である。この年、日本では年金と医療に関して大幅な改善があった。このため一九七三年は日本では「福祉元年」と呼ばれる。この年を境にして日本では社会保障支出（「社会保障給付費」という言い方が日本では一般的である）が急速に増加し、福祉国家化が開始する。しかし一九七三年は、それまでの高度成長が終わりを遂げ、社会保障のための財源調達が難しくなり始めた年でもある。このため日本では、社会保障費の拡大（expansion）と同時に抑制（retrenchment）が始まる。

一九八二年には老人保健法が公布され、老人医療費の財政調整と抑制政策が開始された。一九八五年には基礎年金が導入されて現在の「二階建て」制度が始まるとともに、年金の支給額の抑制が始まった。このとき以降、日本では、年金・医療ともに抑制の政策が継続している。言い換えると、一九七三年までの日本の社会保障の制度改革は、一貫して拡大を志向してきたが、その後は今日に至るまで抑制を志向している。抑制は政治的に受け入れがたいところがあるため、各改革の時点では部分的拡大が抱き合わせにされることがあるが、基調は抑制である。

著者は、これまでの日本には欧州でみられたような福祉政治が存在しなかったという仮説をもっているが〔武川 二〇〇五〕、福祉政治の不在はこのような政策の一貫性のなかにもみることができると思う。個々の制度改革の時点ではさまざまな利益団体の間での対立や駆け引きがみられるが、ある程度の時間の経過をへて制度改革の歴史を振り返ってみると、そこには拡大であれ抑制であれ驚くほどの政策の一貫性がみられるのである。各時点での改革は小刻み（piecemeal）であるが、その方向性は首尾一貫している。これは日本の社会保障の制度改革が、国家官僚制によって設定された議題（agenda）の枠内で遂行されてきたことの結果である。

以上は制度改革の面からみた日本の社会保障の半世紀の要約であるが、同じ時期の変化を社会保障支出の側面から観察してみよう。**図8-1**は社会保障給付費（ＩＬＯ基準）の対国民所得比の

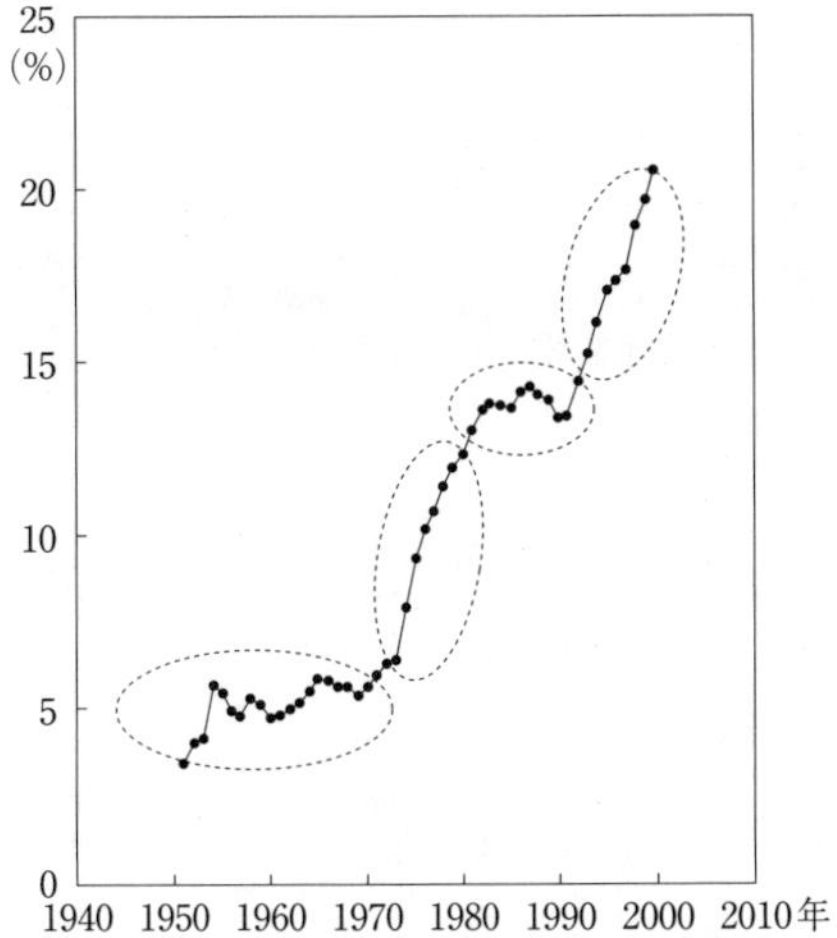

図8－1　社会保障給付費の対国民所得比

推移を示している。政策の基調は一九八〇年代の前と後で拡大と抑制に大きく二分されるが、この図をみると、社会保障給付費の変化は四つの時期に区分できることがわかる。第一の時期は一九七三年までの時期であり、この時期の政策の基調は拡大であったが、人口の高齢化が進行しておらず、また、経済成長が高かったこともあって、給付費の変化は安定的である。これに対して第二の時期である一九七三年から一九八〇年までは、社会保障給付の対国民所得比が急増した時期である。これは、日本における最後の最大の拡大が一九七三年に行われたことと、その後の成長率が低下したことの反映である。さらに第三の時期である一九八〇年代は、抑制の政策が功を奏して、給付費の変化は安定的であったが、第四の時期である一九九〇年代以降になると、抑制の政策は継続したが、いわゆる「失われた一〇年」のなかで経済成長が低下したため、給付費は再び急増した（表8－1参照）。

社会保障給付費の総額は半世紀の間に以上のような変化をたどったが、その内的構成の変化は以上と若干異なる経緯をたどった。**図8-2**は、年金と医療に対する給付の対国民所得比の推移を示したものである。この図からわかるように、一九七〇年代初頭までの日本の社会保障給付費の中心は医療費であった。ところが上述の「福祉元年」以後、年金に対する給付費が急速に伸び始め、一九八一年に年金と医療の割合は逆転する。一九八〇年代以降の社会保障給付費の最大項目は年金である。また給付費の伸びについてみると、年金と医療の双方とも増加の傾向にあるが、その伸び率は年金が著しく高く、医療の方は緩慢である。ここから社会保障の財源調達をめぐる問題というのは、主として年金の問題であることがわかる。

以上のような社会保障費の伸びに対して、現在、財政当局や経済学者が懸念を表明している。しか

表8-1　社会保障政策と社会保障給付費

	社会保障政策の基調	社会保障給付費の対国民所得比
-1973	拡大	安定
1973-1980	安定	拡大
1980-1990	抑制	安定
1990-現在	抑制	拡大

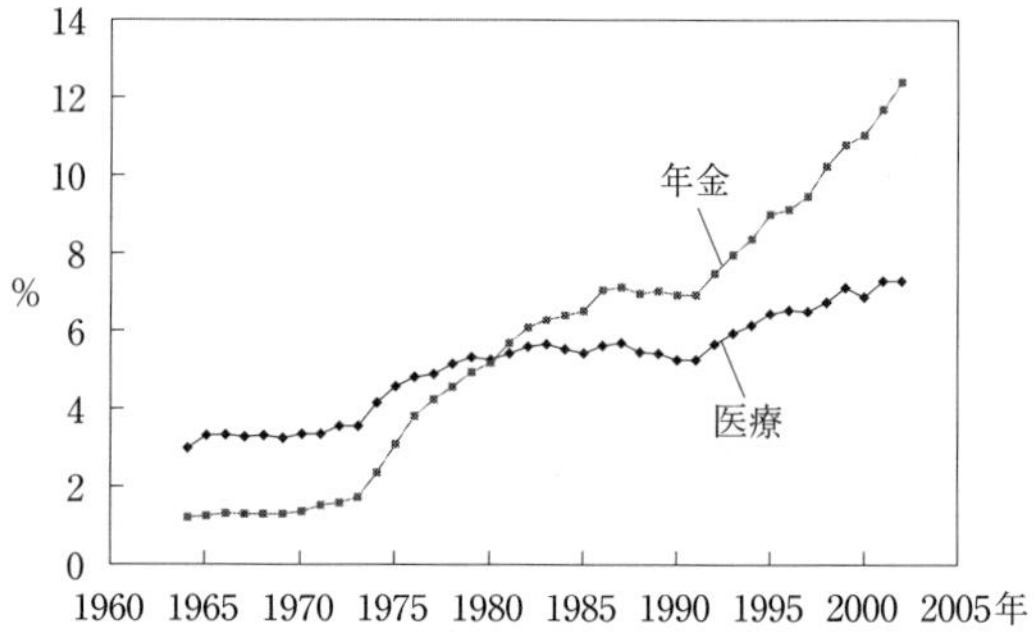

図8-2　部門別社会保障給付比の対国民所得比

表8－2　老後生活費に対する考え方

(%)

	日本					韓国			
	80	85	90	95	00	80	90	95	00
他に頼らない	55.0	52.4	44.0	46.6	42.6	40.3	43.2	41.9	46.3
家族が面倒をみるべき	18.8	15.0	16.0	12.8	7.9	49.4	38.2	28.2	19.5
社会保障などでまかなわれるべき	21.8	30.2	37.5	37.7	46.3	8.2	17.6	29.2	32.7
その他	2.5	2.2	1.3	2.3	2.6	1.1	0.6	0.0	0.6

資料：日本国内閣府『高齢者の生活と意識』

し国民の間では社会保障制度に対する期待が高まってきたことにも注意しなければならない。この点を**表8－2**で確認してみよう。日本の内閣府では一九八〇年から五年ごとに高齢者を対象とした国際比較調査を行っているが、**表8－2**は、この調査のなかの老後生活に対する考え方の時系列変化をみたものである（参考のために韓国の数値も掲げておく）[1]。この表をみると、老後の生活費は社会保障などでまかなわれるべきだと考える人びとの割合が一九八〇年から二〇〇〇年までの間で二一・八%から四六・三%へと二五ポイントもあがっている。四六・三%という数値は、同じ国際比較調査のなかのアメリカ（三七・八%）よりは高い数値である。二〇〇〇年のドイツ（五七・二%）よりは低いものの一九九〇年のドイツ（四五・六%）よりは高い値である。時系列変化でみても、国際比較でみても、国民の間での社会保障制度に対する期待感は強いといわなければならない[2]。

2　日本の社会保障を支えた条件

日本の社会保障支出は一九七〇年代半ば以降、急速に増加した。またこの間に、国民の間でも社会保障制度への期待が高まった。にもかかわらずヨーロッパの福祉国家諸国と比べると、日本の社会保障給付費の水準が相対的に低位にあることも事実である。例えば、一九九六年の日本の社会保障給付費の対国民所得比は一七・五%であるのに対して、アメリカ一六・四%、ドイツ三六・六%、スウェーデン四四・〇%となっていて（ただしアメリカは一九九五年）、アメリカとはほぼ同じ、ヨーロッパに比べると低い水準となっている。このような欧州諸国に比べた相対的低位は、国際比較のなかでみた日本の社会保障の重要な特徴のひとつであるが、どうしてこのような特徴が形成されたのだろうか[(3)]。次に、この点をはじめとして、日本の社会保障制度の特徴を生み出した条件について考えてみよう。

第一に、日本と欧州諸国では、社会保障制度の成長が開始した時期が異なる。西欧諸国の場合、社会保障給付費の急増が開始するのは一九五〇年前後である。日本の場合はすでに述べたように一九七〇年代の前半が西欧の一九五〇年前後にあたっている。一般に、社会保障給付費の増加は経済発展や人口高齢化によってもたらされるが〔Wilensky 1975〕、日本におけるこれらの条件の成熟は西欧諸国にくらべて約四半世紀遅れたことになる。

こうした社会保障給付費急増の開始時期の違いは、その後の日本の社会保障制度のあり方に大きな影響を及ぼした。西欧諸国で福祉国家が成長した時代、すなわち一九五〇年代と六〇年代は、世界的に高成長の時代で、西欧諸国はこうした経済的順境のなかで、社会保障給付費を飛躍的に拡大させた〔Flora 1986–〕。ところが日本の場合は、世界的に低成長の時代に社会保障制度を確立しなければならなかったため、社会保障支出の急増と同時に抑制政策が開始され、給付費が西欧諸国の水準にまで到達することがなかったのである。また西欧諸国の場合も一九七〇年代後半から社会保障制度における抑制政策が顕著になったが、すでに成長した給付費を引き下げることは政治的に困難だった。

ここから得られる教訓は、社会保障給付費の増大の規模は急増期の経済環境によって異なってくるということと、社会保障給付費の増大は不可逆的であるということである。中国と韓国は、現在、六五歳以上人口の比率が七％前後である。この水準は日本の一九七〇年に相当し、また、西欧諸国の福祉国家準備期に相当する。人口の高齢化という観点からすれば、社会保障制度の拡張が起こってもおかしくない状況である。とはいえ現在の中国と韓国には、日本の一九七〇年代と異なる点もある。それは経済成長の水準である。**図8-3**は中韓両国の一九九九年以降のGDP成長率の推移と日本の一九七五年以降のGDP成長率の推移を重ね合わせたグラフである（石油ショックによって日本がマイナス成長になった一九七四年とIMF危機によって韓国がマイナス成長になった一九九八年を重ね合わせた）。これによると現在の中韓両国の経済成長は、日本の社会保障支出が増えた一九七〇年代半ば以降の時期よりは高い水準にあることがわかる。これは社会保障の拡大にとっては、現在の中韓両国の方が一九七〇年代半ば以降の日本よりも順境のなかにあることを意味する(4)。

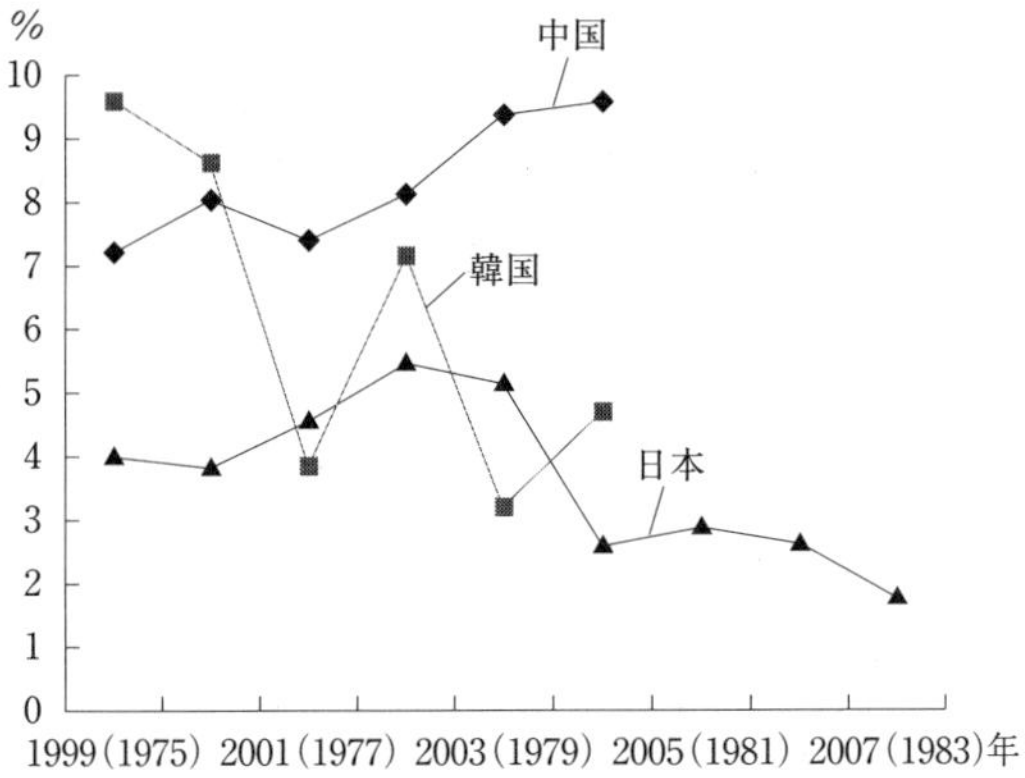

注：括弧外の年度は中国と韓国、括弧内の年度は日本

図 8－3　社会保障制度の成長期における日中韓の経済成長率

第二に、これまでの日本の資本主義は、政府による非常に強力な経済規制と、大規模な公共事業支出によって特徴づけられた〔武川 二〇〇五〕。市場による調整ではないという点で、アメリカやイギリスなどの自由主義型市場経済（LME）と異なり、ドイツやスウェーデンなどの「調整型市場経済」（CME）と共通の性格をもっている〔Soskice 1999〕。しかし、調整における国家介入の強さや大規模な公共事業支出の存在によって、欧州の「調整型市場経済」の国からは区別される（この点は日韓両国に共通する）。

二〇世紀後半の日本では強力な経済規制（産業の育成と保護）と大規模な公共事業（と場合によっては農業補助金）の結果として、完全雇用の状態が長らく続いた。あるいは完全雇用を達成するために経済規制と公共事業が用いられたともいえる。いずれにせよ完全雇用の達成によって、日本では、社会保障の機能が部分的に代替された（日本と韓国は経済規制と公共事業という点では共通するが、二〇世紀の第四四半期の日本で用いられた方法が、これからの韓国で通用するかどうかは不明である）。

さらにまた経済規制と公共事業は、日本の場合、所得再分配の方法を、階層間におけるものから地域間におけるものへと変えた。二〇世紀後半の日本では国土計画や経済計画をつうじて、完全雇用とともに地域間格差の是正が最優先課題となった。これは先進地域よりも後進地域に有利な選挙制度によってもたらされた。

第三に、こうした生産レジームを維持するうえで、日本では、家父長制的な再生産レジームが寄与した〔大沢 一九九三、木本 一九九五〕。中国とは異なり、日本の女性の雇用率は低く、女性人口の多くが男性人口の扶養家族の地位に置かれた。このため労働力供給が少なく、完全雇用は達成しやすかった。また公共事業による雇用創出の恩恵を受けるのは女性労働者ではなくて男性労働者であるが、男性稼ぎ主モデル（Male breadwinner model）が支配的であったため、公共事業の波及効果は女性にも及んだ。さらにケアが家族内のアンペイドワークによって担われたため、保育や介護など社会保障における福祉サービスの必要を減じた。

第四に、こうした生産と再生産のメカニズムを維持するうえでは、日本に独特の政治システムが寄与した。それは強力な国家官僚制の存在と、これを政治的に可能とした一党支配の体制である。この点は中国と共通するが、民主化以後の韓国とは異なる。この政治システムによってもたらされた政治的安定は、長期的な観点を必要とする公共事業の遂行にとっては好都合であった。このため社会保障制度は、完全雇用と地域間再分配を前提として設計された。社会保障制度も連続性が保たれた。このため政権交代が頻繁に起こったイギリスのような国と比べると、日本の場合、制度改革における変化の幅は小刻みであった。

3　社会保障を支えた条件の変化

しかし以上のような日本の社会保障制度を支えた条件は一九九〇年代初頭から大きく変化し始めた。

第一に、西欧の福祉国家諸国に対するキャッチアップが完了した。社会保障給付費の急増が始まってから現在ではすでに四半世紀以上が経過した。経済発展や高齢化の水準はもはや西欧諸国と変わらない。これまでは日本の社会保障給付費が少ないのは、福祉国家として発展段階が異なるからであると考えることができたが、四半世紀を経過した現在では、もはや日本の社会保障制度の特徴を形成途上にある過渡的なものとみることはできない。むしろ完成態のそれとして考えなければならなくなっている。日本の社会保障制度が西欧諸国と異なるところがあったとしても、それは段階の違いによるものというよりは、型の違いによるものである。

第二に、グローバル化によって従来の生産レジームの維持が困難となった。強い経済規制と大きな公共事業支出は国民国家の枠組みの下ではじめて成立が可能だった。資本の国境を越えた移動が制限されていなければ、経済規制はその効果を発揮できない。また財源調達能力が確保されていなければ、大規模な公共事業を遂行することはできない。ところがグローバル化によって、現在の日本ではこのような条件が失われつつある。資本の移動が自由となることによって規制緩和と減税の圧力が各国政府に対して加わった〔Mishra 1999〕。このため労働市場では柔軟化が進み、かつての完全雇用は崩壊した。一九九二年には産業保護の象徴的存在だった大規模小売店舗法がアメリカの圧力によって改正され、一九九三年の細川内閣は規制緩和を中心的政策課題とした。また公共事業支出の方も一九九三年をピークに削減の趨勢に転じ、かつてのような形での地域間再分配は終わりを遂げようとしている。

第三に、個人化によって既存の再生産レジームが変化しつつある。二〇世紀の第三四半期には、専業主婦の存在を前提とした「標準家族」が形成され、これによって上述の生産レジームが支えられた。第四四半期になると、夫の賃金の伸び悩みと生活水準の期待上昇によって、短時間労働に従事する妻が増加したが、このころから税制や社会保障のなかで「専業主婦」に対する優遇が始まったため、専業主婦の存在を前提とした「標準家族」は微修正された形で基本的には存続した。ところが九〇年代以降は、そうした「標準家族」の解体が進行している〔山田 二〇〇一〕。一九九一年には、農林漁業以外でも共働き世帯が非共働き世帯を上回った。九〇年代をつうじて離婚率や未婚率が高まり、「標準家族」に属さない人びとが増加した。無業・失業・不安定就労の状態にあるポスト青年期の人びとが増加した。このため夫婦と未成熟子から成り立つ核家族としての「標準家族」像が崩れつつある。

第四に、二〇世紀後半の政治システムが変化をきたしつつある。自民党が議席の過半数を占め、社会党が議席の三分の一以上を占めるという形でのいわゆる「五五年体制」は一九九三年の細川内閣の成立によって終わりを遂げ、以後、連立内閣が続いている。また選挙制度が改められたため、一九九三年以前の政治システムへの逆行は困難となった。従来の政治システムの下では、経済規制と公共事業によって生まれる利益を分配することによって政治権力の基盤が形成されてきたが、そもそも経済規制と公共事業の役割が低下しているために、従来の形では権力を維持することが難しくなっている。他方、国家官僚制の方も、政策決定への影響力が低下している。中央官庁の官僚を対象とした調査でも、自分たちの影響力は減少すると考えている官僚が七〇%に及び、六〇%の官僚が政策決定に最も大きな影響力をもっているのは行政官僚ではなくて政党であると考えている〔『論座』二〇〇五年七月号〕。

4　「失われた一五年」と社会保障

このような日本の社会保障制度を支えた条件が変化するなかで、一九九〇年代以降、社会保障の制度変更が繰り返された。日本の一九九〇年代は経済的停滞のゆえに「失われた一〇年」と呼ばれることが多いが、二一世紀に入ってからも経済的好転の兆しがみえないところから九〇年代以降現在までを「失われた一五年」と呼ぶ人も現れている〔大沢 二〇〇六〕。この「失われた一五年」のなかで、年金と医療に関しては、八〇年代以来の抑制政策が一貫して採用されている。

年金に関しては、一九九四年には、被用者年金の定額部分の支給開始年齢の引き上げ、年金と雇用保険の併給調整、ネット所得スライド方式の採用などが行われた[5]。さらに、一九九九年の改革では、被用者年金の報酬比例部分に関して支給開始年齢の引き上げと給付水準の引き下げがなされ、賃金スライドの停止、在職老齢年金（稼得と年金の調整）の対象者の拡大、総報酬制の導入（ボーナスからも社会保険料を徴収）などが行われた。さらに二〇〇四年の改革では、将来にわたる保険料の上限が設定され、その範囲で年金額が決定されることになった。マクロ経済スライド方式が導入され、人口高齢化に応じて年金額が自動的に減額される仕組みが導入された。在職老齢年金の対象者のさらなる拡大、保険料引き上げの凍結の解除なども行われた。

医療に関しても、一九九七年には被用者本人の給付率が九〇％から八〇％への引き下げ、外来患者の薬剤費への一部負担の導入などが行われた[6]。二〇〇〇年には診療報酬・薬価制度が改訂され、薬価差の縮小、高齢者の慢性期入院医療に対する包括化の推進が図られた。また老人医療の本人負担については、月額上限付きではあるが長年の「念願」であった一割の定率負担が実現した。さらに一九八四年以前は一〇〇％だった被用者本人の給付率が、「給付率の一元化」と称して、ついに七〇％にまで引き下げられた（二〇〇二年度実施）。二〇〇三年には、年金と同様に総報酬制が導入されボーナスからも月収と同率の保険料が徴収されるようになった。

しかし福祉サービスについては若干の留保が必要である。というのは「失われた一〇年」ないし「失われた一五年」の間に、高齢者を対象とした福祉サービスの拡大が生じているからである。一九八九年に消費税導入の見返りとしてゴールドプランが策定され、高齢者を対象とした福祉サービスの拡充計画が開始した。この計画を実現するため一九九三年から各地方自治体が老人保健福祉計画を策定し、さらにこれを踏まえて、一九九四年に国の計画が新ゴールドプランとして改定された。その結果、一九九〇年代の日本では高齢者向けの福祉サービスの拡大が進んだ（図8-4参照）。こうした福祉資源の拡充をふまえて、二〇〇〇年から介護保険が施行された。

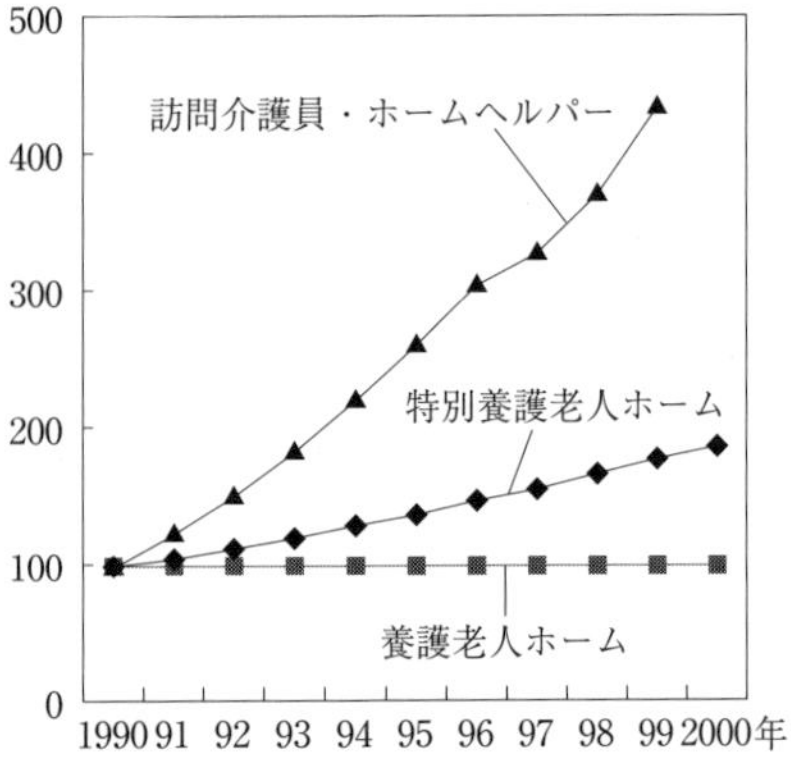

注：縦軸の数値は1990年を100としたときの指数

図8－4　1990年代における福祉サービスの拡大

九〇年代における福祉サービスの充実は医療費の抑制政策の一環として登場した側面もあるから、ある意味では、八〇年代以降の抑制がここでも貫かれているとみることはできる。しかし福祉サービスの側からみれば、やはり拡大である。というのは、これまで福祉サービスが絶対的に不足していたため、医療の方に転嫁されていた高齢者ケアに対する必要や需要が、本来の福祉サービスによって充足されるようになったと考えることができるからである。その意味で、年金や医療の場合と異なり、九〇年代の福祉サービスは拡大基調であった。これは福祉サービスが、年金や医療のような七〇年代の急増の時期を経験しなかったことに由来するかもしれない。

以上のような制度改革の結果、国民の間での社会保障の各制度に対する受け止め方にバラツキが生まれている。

例えば、介護に関しては、国民の間の不安は九〇年代にある程度軽減された。生命保険文化センターが実施している価値観調査によると、一九九六年から二〇〇一年までの五年間に、所得の減少や失業をはじめとして多くの生活場面で国民の生活不安感は増加している。ところが同じ時期の介護に対する不安感は、配偶者の介護に対するものも、自分の親に対するものも減少している〔武川 二〇〇二d〕。

これに対して、老後に対する経済的不安の方は、同じ価値観調査のなかでも増加している。また朝日新聞社の世論調査の結果でも、一九九四年には「公的年金の将来を信頼していない」と答えた人が四四%いたが、二〇〇三年には「公的年金を信頼していない」人が四七%に増えた〔『朝日新聞』一九九四年一一月一三日、二〇〇三年六月二一日〕。二〇〇五年には再び四四%にまで減少したが、逆に現役世代における不信感は強まり、年金不信に関する世代間格差が広まった。さらに二〇代では、四五％が公的年金を「やめたい」と考えている〔『朝日新聞』二〇〇五年七月三一日〕。

このように「失われた一五年」のなかで、とりわけ年金制度に対する正統性（legitimacy）の撤収が始まっている。他方、社会保障の制度自体も現在危機的状況のなかにある。

年金に関しては、一般に人口高齢化にともなう人口ピラミッドの変化が最大の問題と考えられているが、それだけが問題なのではない。むしろ生産レジームや再生産レジームの変化にともなう「社会保険の空洞化」こそが問題である〔大沢 二〇〇四〕。

第一に、雇用者総数は毎年〇・五％くらいで増減を繰り返しているにもかかわらず、被用者を対象とした厚生年金と組合健保・政管健保の被保険者数が減少の傾向にある。例えば、厚生年金の被保険者数は一九九七年の三三四七万人をピークに、二〇〇二年度末までに一七七万人（五・三％）減少した。[6] 組合健保は解散が増え、一九九七年の一五九〇万人をピークに二〇〇三年度末までに一二〇万人（七・五％）減少した。[7]

第二に、こうした職域保険における被保険者数の減少にともない、保険料収入が減少している。これは厚生年金と組合健保の場合には標準報酬月額の平均の増減にかかわらず生じている現象であるが、政管健保の場合には、平均標準報酬の減少が収入減に追い打ちをかけている。

第三に、職域保険の適用を受けない者は地域保険へ加入することになっているため、国民年金の第一号被保険者や国民健康保険の被保険者数は増加の傾向にあるが、そこでは保険料の未納が目立っている。第一号被保険者の納付率は、強制加入であるにもかかわらず、二〇〇二年度には六二・八％にまで下がった。国保保険料の納付率は国民年金に比べると高いが、それでも年々低下し、二〇〇二年度には九〇・四％に達した。

このような「社会保険の空洞化」の主たる原因は、非正規雇用の拡大〔とくに中高年女性の「パートタイム」と若年男女のいわゆる「フリーター」〕である。とりわけ短時間労働者が職域保険に適用されないことの影響が大きい。ある推計によれば、本来厚生年金に加入すべきであるにもかかわらず未加入の労働者は最大で九二六万人であり、未加入率が一割から二割に及ぶ〔大沢 二〇〇四〕。

このような非正規雇用の拡大は、グローバル化と個人化の相互作用の結果である。グローバル化は各国の労働市場を柔軟化の圧力のもとに置くため、正規雇用の労働力需要を減少させる。他方、家族の個人化は「標準家族」を解体せしめ、中高年女性の労働市場への登場と、移行期の長期化による「ポスト青年期」の若年層の生成をもたらす〔宮本 二〇〇五〕。労働市場における需要と供給の双方の要因によって労働力の非正規化が進んでいく。そして非正規労働の拡大は、皆保険皆年金の事実上の前提であった正規労働と「標準家族」を突き崩すことになる。要するに、現在の社会保障の危機は、生産と再生産のレジームの変化に適応できていないところから生まれてきているのである。

5　結びに代えて

以上でみてきたように、二〇世紀の第三四半期および第四四半期の日本の社会保障制度を支えてきた条件が一九九〇年代以降急速に変化しつつある。ところが九〇年代以降の社会保障改革は、いまだに八〇年代に形成されたパラダイムに立脚して行われてきた。このため日本の社会保障制度が日本社会の変化に適応できていない。このため日本の社会保障は、現在、九〇年代以降の社会変動への適応を求められている。

その第一は、生産レジームの変化への適応である。労働の柔軟化は世界的な傾向であり、これを逆転させて、一九八〇年代以前の日本に戻ることはできない。おそらく必要なことは保障（security）と柔軟（flexibility）の両立であろう。そのためには非正規雇用を社会保険制度のなかに包摂（inclusion）することが必要となってくる。

その第二は、再生産レジームの変化への適応である。社会保障制度における脱商品化への対応は、今日、非調整型市場経済（ＬＭＥ）と調整型市長経済（ＣＭＥ）で異なっている。しかし脱ジェンダー化については、その具体的内容になると対立点が出てくるとはいえ、国際機関や各国政府の共通した政策理念となっている。日本の場合も、社会保障制度の脱ジェンダー化を進めていくことが必要である。

さらに第三に、福祉政治の確立が求められる。これまでの日本の福祉政治は非常に不透明であった。それは強力な国家官僚制が存在し、事実上の一党支配の体制が続いたからである。しかし他方でこれら二つの条件が崩れつつあることも事実である。社会保障の問題に関しても、情報の開示（disclosure）と合理的討論（rational discourse）が不可欠である。

最後に最小ではなく、中国や韓国における社会保障制度の発展が見込まれる現在、東アジアにおける社会保障の共通政策の可能性についても追求されてよいと思われる。日中韓三国のあいだでは、社会保障をめぐる諸条件が大きく異なっている。また各国の給付の水準も異なっている。したがって社会保障に関する量的問題については、現在のところ共通政策を論じることは時期尚早である。しかし質的問題に関しては、共通の課題を抱えているともいえる。例えば、夫婦間の年金分割は韓国の方が日本よりも先に制度化しているが、この種の制度の公正に関する問題は、給付水準の上下を離れて議論の対象となりうるだろう。その意味で、社会保障の質的問題に関しては、共通政策の課題となりうるのではないか。

（二〇〇五年九月）

（1）本章は日中韓三国の研究者が参加した国際会議の報告原稿に基づいている。
（2）ちなみに、表8-2のなかで、「家族が面倒をみるべき」との意見に対する賛成割合にも注目する必要がある。というのは東アジアの社会政策に共通する特徴として家族主義が強調されることがあるからである。たしかに表8-2における日韓のこの数値は欧米諸国と比べると高い。しかし日韓両国とも二〇年間に急速に低下している。また日韓両国の間での数値も同じく東アジア的というにはかけ離れている。

（3）この点をはじめ、日本の社会保障制度には西欧諸国のそれとは異なった特徴がいくつかあるが、ここでは割愛する。その他の特徴については、二木（一九九五）、広井（一九九九）、堀（二〇〇四）、武川（二〇〇五）などを参照。

（4）さらにもう一つの重要な点は、社会保障に対する国民の意識である。表8-2からわかるように、二〇〇〇年現在の韓国では「老後の生活費は社会保障などによってまかなわれるべき」と考える人びとが三一・七%に達している。これは一九八〇年の日本の数値よりはるかに高い値である。

（5）年金改革に関しては、駒村（二〇〇三）、権丈（二〇〇四）を参照。

（6）医療改革に関しては、二木（二〇〇四）を参照。

（7）以下のデータは大沢（二〇〇四）による。

9　福祉国家と福祉社会の関係の再構築——東北アジアのなかで考える2

「福祉社会」という言葉は、これまでのところあまり厳密には使われてこなかった。日常語のコンテクストで使われることが多かったからである。とはいえ最近では研究者の間でも「福祉社会」という用語が市民権を獲得しつつある。したがって、この段階で、「福祉社会」という概念をある程度明確にしておく必要がある。「福祉社会」という概念を社会科学者はどのように理解したらよいのか。また、福祉社会と類似のコンセプトとして「福祉国家」があるが、この両者の関係はどのように考えればよいのか。そして最後に、アジア、とりわけ東アジア、さらに東北アジアのなかで福祉国家や福祉社会について考えていくことが、二一世紀初頭の現在、どういう意味をもっているのだろうか。本章では、これらの点について問題提起したい(1)。

1　福祉社会論の矛盾

最初に、福祉社会というコンセプトをめぐる日本国内の状況について整理しておきたい。端的にいうと、福祉社会に対する態度は、今日のわが国では非常に矛盾的な状況に置かれているということである。どういうことかというと、福祉社会は一方では拍手喝采をもって好意的に受けいれられているが、他方では、この言葉はいまだに非難の対象にもなりうるということである。この言葉に感情的な反発をする人も少なくない。

このCOEプロジェクト（「福祉社会開発の政策科学形成に向けて」）にも「福祉社会」という言葉が用いられており、新聞やテレビで政治家たちも「福祉社会」という言葉を非常によく使う。しかも、このような政治やジャーナリズムの世界では、福祉社会が、肯定的な意味合いで使われることが多い。選挙のポスターなどでも、福祉社会を築くといった意味合いのスローガンがみられる。そういう意味では、「福祉社会」という言葉は、日本社会のなかで非常に人気がある。

また研究の世界でも、福祉社会という言葉は最近よく用いられるようになっている。論文のデータベースを検索してみると、日本語で「福祉社会」という言葉を使った文献は比較的多い。ただ、この点は国内と国外で状況が異なることに注意しなければならない。「福祉社会」という言葉に該当する英語は“welfare society”であるが、海外では“welfare society”という言葉がそれほど多く用いられるわけではない（まったく用いられないというわけではない）。むしろ、日本で「福祉社会」といっていることと事実上同じ意味の“welfare mix”（混合福祉）とか“welfare pluralism”（福祉多元主義）といった類の言葉の方が好まれている。

しかし他方で、日本国内では、福祉社会が非常にネガティブに受け取られる雰囲気も少し残っているということに注意しなければならない。その原因は、一九八〇年代に、日本型福祉社会論〔自由民主党 一九七九〕というものが影響力をもち、いまでも福祉社会という言葉を日本型福祉社会論と重ね合わせて理解する人々が少なくないからである。

日本型福祉社会論というのは、当時、社会保障や福祉国家を研究している専門家の間では「反福祉国家論ではないか」と受け取られたことも多かった〔孝橋 一九八二〕。個人的なことになって恐縮だが、当時、私は社会保障研究所に勤めていた。この研究所の福武直所長（当時）は、日本型福祉社会論の強まりに対して非常に警戒心をもっていて、所内では日本型福祉社会論の別名である「活力ある福祉社会」という考え方に対して、学問的にどのように反論していくか、といった点を理論的な検討をする研究会も組織された。とくに、社会保障研究所というのは特殊法人であったため、当時の行財政改革のなかで絶えず廃止の危機にさらされており、当時の研究員にとって、福祉社会というのは雇用を脅かすようなコンセプトでもあったわけである。

日本型福祉社会論の記憶が残っている社会保障の専門家にとって、福祉社会というのは、いまでもアレルギー反応を引き起こす、手放しでは受け入れることの困難な概念である。その意味では、福祉社会という言葉には嫌われ者としての側面がある。

しかし、日本型福祉社会論が提唱された当時に比べると、日本社会も相当変わった。とりわけ家族や地域などの変化は大きい。日本型福祉社会論が前提としていた社会構造は、いまでは過去のものとなっている。そうなると、必ずしも福祉社会というものを日本型福祉社会論と結びつけて考えなくてもいいのではないか、というような見方も出てくる。日本型福祉社会論というのは社会保障の研究者にとってはトラウマのようなものだが、そこから次第に解放されてきたともいえる。とくに若い研究者は、日本型福祉社会論を同時代的に経験していないので、その呪縛からまったく自由であるのかもしれない。

2 福祉社会とは何か

それでは、福祉社会とは何か。以上では、福祉社会という言葉を無定義のまま用いてきたが、ここで福祉社会という言葉の意味について少し考えてみたい。

「福祉社会」は、国語辞典、例えば『広辞苑』にはまだ出ていない言葉である。そういう意味では、よく使われてはいるが、一般的な定義は確立されていない用語ということになる。これは福祉国家や社会福祉といった言葉をめぐる状況と異なる。福祉国家や社会福祉については国語辞典のなかでも、それなりの定義がなされている。

これも個人的な話になって恐縮だが、実は、以前、立教大学の庄司洋子氏を中心に弘文堂から『福祉社会事典』を出すことになり、私もその編集を手伝うことになった〔庄司ほか 一九九九〕。この事典のなかで、「福祉社会」という項目を執筆せざるをえなくなった。また、ちょうど同じ頃、拙著『福祉国家と市民社会』の続編として、『福祉社会の社会政策』という本を準備していた〔武川 一九九二b、一九九九b〕。このため私は「福祉社会とは何か」ということについて考えるようになった。そこで、これまで「福祉社会」という言葉はどういう使われ方をしてきたかということを、いろいろな文献にあたって調べてみた。そして、『福祉社会事典』のなかの「福祉社会」という項目や拙著『福祉社会の社会政策』を執筆する過程で到達した結論は、「福祉社会」とは、突き詰めると二つの意味になるということである。一つは「福祉的な社会」、もう一つは「社会による福祉」である。

福祉的な社会とは

「福祉的な社会」と「社会による福祉」というのは非常に紛らわしい表現である。それぞれについて説明しよう。

最初は、「福祉的な社会」という意味で、「福祉社会」という言葉が使われた事例である。これはさらに二つに分かれる。

じつは日本型福祉社会論が登場する前から、政府の経済計画などでは「福祉社会」という言葉が用いられていた〔経済企画庁 一九七二〕。そこでは経済や産業一辺倒ではなくて、生活や福祉にも配慮した社会といった意味で「福祉社会」という言葉が使われている。また「経済大国」に対して「福祉大国」といわれたこともある。経済と福祉を対比させて、福祉を尊重するといったニュアンスが「福祉社会」という言葉に含まれていた時代があったのである〔馬場 一九八〇〕。これが「福祉的な社会」ということの第一の意味である。

もう一つの「福祉的な社会」は、「福祉に対して敏感な社会」、あるいは「福祉コンシャスな社会」ということである。第一の意味での「福祉的な社会」という使い方はいまではあまり行われず、現在では、こちらの方が一般的かもしれない。ここでは、社会的に弱い立場にある人たちにとって暮らしやすい、あるいは、そういう人たちの福祉やウェルビーイングに対して絶えず配慮しているような社会、それが福祉社会だということになる。地方自治体などが「福祉社会」という言い方をするときは、このような「福祉コンシャスな社会」という意味で使っていることが多いのではないか。

社会による福祉とは

それでは、「社会による福祉」とは、どのような意味か。「福祉的な社会」というのが、社会の特徴に焦点を置いた考え方であるのに対して、「社会による福祉」というのは、福祉の担い手や供給部門に焦点を置いた考え方である。社会の範囲をどこまで広げて考えるかによって、「社会による福祉」ということの意味は変わってくる。しかし、最低限共通していえるのは、「人々の福祉にとって市民社会の役割が大きくなっている」という認識である。言い換えると、国や自治体だけではなく、民間のさまざまな団体や個人が非常に大きな役割を果たしている、ということになる。この場合、民間のなかに企業も含めるかどうかとなると意見が分かれるかもしれない。

しかしNPOや協同組合というような民間部門が人々の福祉において大きな役割を果たしている社会、これが福祉社会である、というようなとらえ方に対する反論は少ないだろう。そして、福祉社会のこのような使われ方は、現在、非常によくされているように思われる〔丸尾 一九八四、正村 一九八九、二〇〇〇〕。

3　福祉国家と福祉社会

日本での「福祉社会」という言葉の使われ方をみると、常に「福祉国家」との対比で考えられてきた歴史がある。つまり、何もないところでいきなり「福祉社会」という言い方をするのではなくて、「福祉国家」というものを暗黙のうちに前提としながら、福祉国家の抱える問題を解決するものとして福祉社会を考えていこうというわけである。したがって、福祉社会を考える場合には、福祉国家との関係を抜きにしては考えることはできない、ということになる。

従来、福祉国家と福祉社会の関係というのは、どのように考えられてきただろうか。一般には、両者は敵対関係、矛盾する関係にある、というとらえ方が多かったのではないだろうか。福祉社会に対して反対する人々は、「福祉社会というのは反福祉国家論である」というような言い方をしてきた。また、福祉社会に対して親近感をもつ立場に立つ人々は、「福祉国家から福祉社会へ」というような形で、福祉国家を否定するものとして福祉社会をとらえる傾向にあった。

しかし、福祉の歴史を振り返ってみると、福祉国家と福祉社会はつねに一緒に存在してきたというのが現実である。このため経済史学者の高田実氏は、要約すると、福祉というのは常に民間、行政を含む複合体で存在してきたため、単に〝福祉国家の歴史〟という考え方はとることができないのであって、〝福祉複合体の歴史〟としてとらえなければいけない、というような考え方を提唱している〔高田 二〇〇一〕。

また、福祉国家の比較研究で国際的に大きな影響を与えたエスピン・アンデルセンという人がいる。彼は福祉国家の類型を、「福祉国家レジーム」という考え方で整理した〔Esping-Andersen 1990〕。これは各国の社会保障費の規模ではなくて、制度がどのような働き方をしているかに着目した考え方である。ところが、その彼が、近年では「福祉レジーム」という概念を使い始めている。福祉レジームは、福祉国家だけでなく家族や労働市場なども含めて全体的に福祉の状況を把握しようとする考え方である。ここでの問題意識にひきつけると、福祉国家だけでなく、福祉社会的なものも含めて、福祉国家と福祉社会の関係をとらえていこうとしていると言い換えることができる。

福祉複合体という考え方も、福祉レジームという考え方も、福祉国家と福祉社会は切り離して考えることはできないのであって、両者は一体的に考えていかなければならない、ということを示唆している。

かつての日本型福祉社会論には、福祉国家というものはすでに時代遅れとなっているので、これからは福祉社会の時代だというようなインプリケーションがあった。「福祉国家から福祉社会へ」というようなスローガンが掲げられるときには、これと同じ考えが前提となっている場合が多い。しかしロブソンの次のような意見にも耳を傾けるべきである〔Robson 1976〕。彼によると、福祉国家を支えるのは福祉社会だというのである。この場合の福祉社会は、前述の「福祉的な社会」ということになるだろうが、ロブソンのような立場にたてば、福祉国家は時代遅れでこれからは福祉社会だというような考え方は出てこない。

福祉国家と福祉社会の関係を現在の段階で考えるならば、「敵対から和解へ、さらに両者の関係を再構築していく」ということが重要になってくる。社会科学の世界では「国家と市民社会」の関係が非常に重要なテーマとして従来から存在してきた。福祉国家と福祉社会の関係も、そういう一般的な枠組のなかでを考えていく必要があるように思われる。

4　東北アジアの状況

最後に、こういった福祉国家と福祉社会の関係というものを、今回のCOEプロジェクトにおいても重要な位置づけを与えられている東北アジアのなかでみるとどうなるか、ということについて考えてみたい。

従来は、福祉国家や福祉社会というトピックを東北アジアで考えるということについては、ある種の躊躇があったと思われる。中国や韓国が福祉国家かどうかということがそもそも問題となりえたし、ましてや福祉社会については、中国や韓国の福祉社会ということについて思いが及ばなかっただろう。

しかし、近年、状況は大きく変わりつつある。それは、東北アジアの各国で「市民社会」と呼ばれるものがかなり成熟し、注目されるようになったということである。一九八〇年代以前、日本の官僚制は現在よりも強く、韓国も開発独裁、中国もプロレタリア独裁の社会だった。しかし、九〇年代以降に、それぞれの国で変化があった。日本では五五年体制が崩壊し、とりわけ地域社会では大きな変化が起きている。また、韓国では民主化、中国でも改革開放を経験している。また、韓国や中国でも経済の発展や人口の高齢化にともなって、社会保障制度の充実が図られるようになってきている。

このような状況の変化によって、東北アジア諸国のなかでも、福祉国家と福祉社会の関係ということを共通して考えることのできる条件が形成されてきているのではないだろうか。最後に、この点を、それぞれの国についてみておこう。

日　本

日本でも、いろいろな変化が現れてきている。とりわけ「地域社会」というのは、従来は団体中心に存在していたが、個人というものがかなり意味をもつようになってきた。そして、伝統的な地縁団体も大きく変化してきた。また、ＮＰＯのような新しいタイプの団体が登場するようになっている。

そして、社会福祉の分野に限ってみると、〝地域福祉の主流化〟という現実がある。これをきっかけに、地域社会におけるガバナンス〔統治・共治〕のあり方、あるいは福祉国家と福祉社会の協働のあり方といったものが変化してきている。かつては国家独占資本主義という言葉があったが、これをもじると「国家独占福祉」みたいなものが日本で〔現実というよりイデオロギーとして〕存在していた。ところが、それがだんだん崩れてきているような状況にある。

韓国

韓国でも、民主化の結果、市民社会の成長が非常に大きくみられるようになった。というよりは、市民社会の成長が民主化をもたらしたといえるかもしれない。「福祉国家の超高速拡大」〔イ・ヘギョン〕というような形での変化が九〇年代末の韓国で生じた〔武川・キム 二〇〇五〕。日本の一九七〇年代と同様、現在の韓国は福祉国家形成のまっただなかにある。と同時に、他方では、民主化以後の流れのなかで市民社会というものが非常に大きな力をもってきている〔辻中・ヨム 二〇〇四〕。つまり韓国でも、福祉国家と福祉社会の協働について語りうる状況が生まれてきている。

日本の場合は、ＮＰＯやＮＧＯというと、住民参加型福祉のように、ローカルなレベルでの動きが非常に目立つ。韓国の場合は、ナショナルレベルでＮＧＯというものが活躍している。福祉国家形成や福祉改革のなかで果たしている韓国のＮＧＯの役割は、日本では想像できないくらい大きい。例えば、国民基礎生活保障法の成立という公的扶助改革のなかでも、参与連帯というＮＧＯのリーダーシップが決定的だった。

中　国

中国では近年、とりわけ社会学者を中心に「市民社会論」というものがブームになっている〔李 二〇〇四〕。国家と市民社会、とくに改革開放のなかで、「市場との関係で国家と市民社会をどう考えていくか」というようなことが議論のひとつの焦点になっている。中国では国家と市民社会の「良性互動」、私の言葉でいうと「国家と福祉社会の協働」ということになるが、そういう考え方が提唱されている。

実際の社会の変化についてみると、農村では、国家と社会が融合した人民公社が解体し、その後、両者が分離して「村民自治」というものがだんだん確立されてきた。あるいは、都市では、従来の国有企業を中心とした「単位社会」というものが徐々に崩れてきており、「社区（コミュニティ）自治」というものが重要な意味をもつようになってきた。これにともない「人民」という言葉だけでなく、「市民」という言葉も流通するようになっている。

中国は、従来、「福祉社会とは関係ない」と考えられがちであったが、いろいろな形で「福祉社会の芽生え」のような動きが出ている。とくに「社区福祉」とか「社区服務（サービス）」という形で、日本の地域福祉に似た動きがみられるようなってきている。またNPOのような組織も存在するようである〔沈 二〇〇三〕。改革開放以前の状況からは想像できないような変化が現在の中国で生まれつつある。中国でも福祉社会ということを考えることが可能な時期になりつつあるのではないか。

以上を踏まえ、次のようにまとめたい。

日本においては、福祉国家と福祉社会の関係、とりわけ福祉社会開発というようなことが課題となってきた。しかし、今後は日本だけでなく、中国や韓国も含めた東北アジアにおいて――ただし東南アジアまで含めるとまた事情が変わってくるかもしれない――、市民社会の成熟との関係で、福祉国家と福祉社会の関係の再構築ということが議論のひとつの焦点になってくるだろう。

（二〇〇四年二月）

（1） 本章は、二〇〇四年二月に、二一世紀COEプログラム日本福祉大学二〇〇三年度シンポジウム「福祉社会開発の政策科学形成に向けて」で行った講演に基づいている。

〔文　献〕

右田紀久恵（一九七三）「地域福祉の本質」住谷馨・右田紀久恵編『現代の地域福祉』法律文化社。

右田紀久恵編著（一九九三）『自治型地域福祉の展開』法律文化社。

右田紀久恵（二〇〇五）『自治型地域福祉の理論』ミネルヴァ書房。

大沢真理（一九九三）『企業中心社会を超えて』時事通信社。

大沢真理（二〇〇四）「綻びる日本型セーフティネット」川口清史・大沢真理『市民がつくるくらしのセーフティネット』日本評論社。

大沢真理（二〇〇六）「空洞化する社会的セーフティネット――社会保障改革の失われた15年」東京大学社会科学研究所編『「失われた10年」を超えて［Ⅱ］――「小泉改革」への時代』東京大学出版会。

大橋謙策（二〇〇一）「新しい社会福祉サービスのシステムとしての地域福祉」福祉士養成講座編集委員会編『新版 社会福祉養成講座7 地域福祉論』中央法規出版。

大山博・武川正吾編（一九九一）『社会政策と社会行政』法律文化社。

小笠原浩一・武川正吾編（二〇〇二）『福祉国家の変貌――グローバル化と分権化のなかで』東信堂。

岡村重夫（一九七四）『地域福祉論』光世館。

奥田道大（一九七一）「コミュニティ形成の論理と住民意識」磯村英一他編『都市形成の論理と住民』東京大学出版会→奥田道大（一九八三）『都市コミュニティの理論』東京大学出版会、Ⅱ章。

木本喜美子（一九九五）『家族・ジェンダー・企業社会』ミネルヴァ書房。

京極高宣（一九九〇）『現代福祉学の構図』中央法規出版。

熊野勝之（二〇〇二）「『居住の権利』の発見」早川和男他編『居住福祉学と人間』三五館。

経済企画庁（一九七二）『昭和四七年版経済白書――新しい福祉社会の建設』大蔵省印刷局。

権丈善一（二〇〇四）『年金改革と積極的社会保障政策』慶應義塾大学出版会。

厚生省（一九七八）『昭和五三年版厚生白書――健康な老後を考える』大蔵省印刷局。

厚生省（一九九六）『厚生白書（平成八年版）――家族と社会保障』厚生問題研究会。

厚生労働省（二〇〇二）「市町村地域福祉計画及び都道府県地域福祉支援計画の策定について」（平成一四年四月一日社援発第〇四〇一〇〇四号各都道府県知事あて厚生労働省社会・援護局長通知）。

孝橋正一編（一九八二）『現代「社会福祉」政策論――「日本型福祉社会」論批判』ミネルヴァ書房。

駒村康平（二〇〇三）『年金はどうなる――家族と雇用が変わる時代』岩波書店。

斎藤正樹（二〇〇二）「ウトロとホームレスにされない権利」早川和男他編『居住福祉学と人間』三五館。

社会保障研究所編（一九九二）『福祉国家の政府間関係』東京大学出版会。

自由民主党（一九七九）『日本型福祉社会』自由民主党広報委員会出版局。

庄司洋子ほか編（一九九九）『福祉社会事典』弘文堂。

沈潔編（二〇〇三）『社会福祉改革とＮＰＯの勃興――中国・日本からの発信』日本僑報社。

杉岡直人（二〇〇一）「現代の生活と地域福祉概念」田端光美編著『地域福祉論』建帛社。

全国社会福祉協議会編（一九七九）『在宅福祉サービスの戦略』全国社会福祉協議会出版部。

全国社会福祉協議会（一九九四）『参加型福祉社会をめざして』全国社会福祉協議会。

園田恭一（一九七八）『現代コミュニティ論』東京大学出版会。

高田実（二〇〇一）「『福祉国家』の歴史から『福祉の複合体』史へ」社会政策学会編『「福祉国家」の射程』ミネルヴァ書房。

武川正吾（一九九〇）「社会政策における〈Privatisation〉―上―」『季刊社会保障研究』二六巻二号。

武川正吾（一九九一）「社会政策における〈Privatisation〉―中―」『季刊社会保障研究』二七巻一号。

武川正吾（一九九二a）『地域社会計画と住民生活』中央大学出版部。

武川正吾（一九九二b）『福祉国家と市民社会――イギリスの高齢者福祉』法律文化社。

武川正吾（一九九六）「社会政策における参加」社会保障研究所編『社会福祉における市民参加』東京大学出版会。

武川正吾（一九九七ａ）「戦後日本における地域社会計画の展開」蓮見音彦・似田貝香門・矢澤澄子編『現代都市と地域形成』東京大学出版会。

武川正吾（一九九七ｂ）「保健・医療・福祉の総合化の意義とその課題」大山博・嶺学・柴田博編著『保健・医療・福祉の総合化を目指して――全国自治体調査をもとに』光世館。

武川正吾（一九九八）「福祉社会における参加」『社会福祉研究』七一号。

武川正吾（一九九九ａ）「私的年金と私的医療――社会保障民営化の実験」武川正吾・塩野谷祐一編『先進諸国の社会保障1　イギリス』東京大学出版会。

武川正吾（一九九九ｂ）『福祉社会の社会政策――続・福祉国家と市民社会』法律文化社。

武川正吾（一九九九ｃ）『社会政策のなかの現代――福祉国家と福祉社会』東京大学出版会。

武川正吾（二〇〇〇ａ）「市民権の構造転換」大山博他編『福祉国家への視座』ミネルヴァ書房。

武川正吾（二〇〇〇ｂ）「福祉国家と福祉社会の協働」『社会政策研究』東信堂、第一号。

武川正吾（二〇〇一）『福祉社会――社会政策とその考え方』有斐閣。

武川正吾（二〇〇二ａ）「グローバル化段階の福祉国家」小笠原浩一・武川正吾編『福祉国家の変貌』東信堂。

武川正吾（二〇〇二ｂ）「グローバル化と福祉国家」小倉充夫・梶田孝道編『グローバル化と社会変動』東京大学出版会。

武川正吾（二〇〇二ｃ）「地域福祉計画の策定」大森彌編著『地域福祉を拓く第4巻』ぎょうせい。

武川正吾（二〇〇二ｄ）「生活不満と生活不安――21世紀初頭の日本人の生活意識」『*JILI Forum*』11号。

武川正吾（二〇〇五）「日本の福祉国家レジーム――福祉政治・給付国家・規制国家」武川正吾／キム・

ヨンミョン編『韓国の福祉国家・日本の福祉国家』東信堂。

武川正吾（近刊）「福祉国家の日本レジーム――20世紀後半における」直井道子・平岡公一編『講座社会学11巻　福祉』東京大学出版会。

武川正吾／キム・ヨンミョン編（二〇〇五）『韓国の福祉国家・日本の福祉国家』東信堂。

武智秀之（一九九七）「分権化とNPO」岡澤憲芙・宮本太郎編『比較福祉国家論』法律文化社。

田端光美編著（二〇〇二）『地域福祉論』建帛社。

地域福祉計画に関する基礎的な調査研究委員会（二〇〇〇）『地域福祉をめぐる現状と諸課題――平成一一年度地域福祉計画に関する調査研究事業報告書』全国社会福祉協議会。

地域福祉計画に関する調査研究委員会（二〇〇一）『地域福祉計画の策定に向けて――平成一二年度地域福祉計画に関する調査研究事業報告書』全国社会福祉協議会。

地域福祉計画に関する調査研究委員会（二〇〇二a）『地域福祉計画・支援計画の考え方と実際――平成一三年度地域福祉計画に関する調査研究事業報告書』全国社会福祉協議会。

地域福祉計画に関する調査研究委員会（二〇〇二b）『地域福祉計画・支援計画の考え方と実際――平成一三年度地域福祉計画に関する調査研究事業報告書【資料編：市町村モデル事業結果　事例集】』全国社会福祉協議会。

中央社会福祉審議会社会福祉基礎構造改革分科会（一九九八）「社会福祉基礎構造改革について（中間まとめ）」一九九八年六月一七日。

辻中豊／ヨム・ゼホ編（二〇〇四）『現代韓国の市民社会・利益団体』木鐸社。

電通総研編（一九九六）『民間非営利組織NPOとは何か』日本経済新聞社。

内閣官房内閣審議室分室・内閣総理大臣補佐官室編（一九八〇）『大平総理の政策研究会報告書3　家庭基盤の充実』大蔵省印刷局。

永田幹夫（一九八一）『地域福祉組織論』全国社会福祉協議会。

新川達郎（二〇〇三）「日本における分権改革の成果と限界」山口二郎他編『グローバル化時代の地方ガバナンス』岩波書店。

二木立（一九九五）『日本の医療費——国際比較の視角から』医学書院。

二木立（一九九八）『保健・医療・福祉複合体——全国調査と将来予測』医学書院。

二木立（二〇〇四）『医療改革と病院——幻想の「抜本改革」から着実な部分改革へ』勁草書房。

西尾勝（一九七五）『権力と参加』東京大学出版会。

似田貝香門（二〇〇一）「市民の複数性」『地域社会学年報13集　市民と地域』ハーベスト社。

馬場啓之介（一九八〇）『福祉社会の日本的形態』東洋経済新報社。

平野隆之（二〇〇六）「日本における高齢化社会のもとでの地域ケア政策」（第一回延世大・日本福祉大シンポジウムへの提出論文）

広井良典（一九九九）『日本の社会保障』岩波書店。

福祉士養成講座編集委員会（二〇〇一）『新版　社会福祉士養成講座7　地域福祉論』中央法規出版。

古川孝順（一九九七）『社会福祉のパラダイム転換——政策と理論』有斐閣。

ベック、ウルリッヒ（二〇〇二）「コスモポリタン社会とその敵——世界市民主義宣言」小倉充夫・梶田孝道編『国際社会5　グローバル化と社会変動』東京大学出版会。

堀勝洋編（二〇〇四）『社会保障読本』東洋経済新報社。

牧里毎治（一九八四）「地域福祉の二つのアプローチ論」阿部志郎ほか編『地域福祉教室』有斐閣。

正村公宏（一九八九）『福祉社会論』創文社。

正村公宏（二〇〇〇）『福祉国家から福祉社会へ——福祉の思想と保障の原理』筑摩書房。

松原治郎・似田貝香門編著（一九七六）『住民運動の論理』学陽書房。

松原治郎（一九七八）『コミュニティの社会学』東京大学出版会。

丸尾直美（一九八四）『日本型福祉社会論』日本放送出版協会。

三浦文夫・橋本正明・小笠原浩一（一九九九）『社会福祉の新次元』中央法規出版。

見田宗介（一九九六）『現代社会の理論――情報化・消費化社会の現在と未来』岩波書店。

宮本みち子（二〇〇五）「長期化する移行期の実態と移行政策」社会政策学会編『若者――長期化する移行期と社会政策』（社会政策学会誌第13号）法律文化社。

山田昌弘（一九九四）『近代家族のゆくえ――家族と愛情のパラドックス』新曜社。

山田昌弘（二〇〇一）『家族というリスク』勁草書房。

李永晶（二〇〇四）「一九九〇年代の中国における市民社会論の位相」『アジア・アフリカ研究』四四巻三号。

Beveridge, William（1942）*Social Insurance and Allied Services*, London: HMSO Cmd. 6404.（一九六九、山田雄三監訳『ベヴァリジ報告　社会保険および関連サービス』至誠堂）。
Esping-Andersen, Gøsta（1990）*The Three Worlds of Welfare Capitalism*, Cambridge: Polity.（二〇〇一、岡沢憲芙・宮本太郎監訳『福祉資本主義の三つの世界』ミネルヴァ書房）。
Flora, Peter, ed.（1986–）*Growth to Limits: The Western European Welfare States Since World War II, 5vols*, Berlin and New York: Walter de Gruyter.
Freidson, Eliot（1970）*Professional Dominance: the Social Structure of Medical Care*, New York: Atherton Press.（一九九二、進藤雄三・宝月誠訳『医療と専門家支配』恒星社厚生閣）。
Gumpert, Gary（1987）*Talking Tombstones and Other Tales of the Media Age*, New York: Oxford University Press.（一九九〇、石丸正訳『メディアの時代』新潮社）。

Hayek, Friedrich August von（1960）*The Constitution of Liberty,* Chicago: Chicago University Pess.（一九八六-七，気賀健三・古賀勝次郎訳『自由の条件』I，II，III（『ハイエク全集』五，六，七巻）春秋社）。

Johnson, Norman（1981）*Voluntary Social Services,* Oxford: Basil Blackwell & Martin Robertson.

Loney, Martin, et. al.（eds.）（1983）*Social Policy and Social Welfare,* Milton Keynes: Open University Press.（一九九五，大山博ほか訳『イギリス社会政策論の新潮流』法律文化社）。

Merton, Robert K.（1957）*Social Theory and Social Structure: Toward the Codification of Theory and Research,* rev. ed., Free Press.（一九六一，森東吾ほか訳『社会理論と社会構造』みすず書房）。

Mishra, Ramesh（1999）*Globalization and the Welfare State,* Cheltenham: Edward Elgar Publishing.

OECD（1981）*The Welfare State in Crisis,* Paris: OECD.（一九八三，厚生省政策調査室ほか監訳『福祉国家の危機——経済・社会・労働の活路を求めて』ぎょうせい）。

Robson, William A.（1976）*Welfare State and Welfare Society,* London: George Allen & Unwin.（一九八〇，辻清明・星野信也訳『福祉国家と福祉社会』東京大学出版会）。

Robson, William A.（1976）, *Welfare State and Welfare Society.*（一九八〇，星野信也訳『福祉国家と福祉社会』東京大学出版会）。

Sassen, Saskia, 1988. *The Mobility of Laban and Capital : A Study in International Investment and Labor Flow,* Cambridge: Cambridge University Press.（一九九二，森田桐郎ほか訳『労働と資本の国際移動——世界都市と移民労働者』岩波書店）。

Soskice, David（1999）"Divergent Production Regimes: Coordinated and Uncoordinated Market Economies in the 1980s and 1990s", H. Kitschelt, et al., *Continuity and Change in Contemporary Capitalism,* Cambridge: Cambridge University Press: 101–34.

Titmuss, Richard M.（1976）*Commitment to Welfare,* 2nd ed., London: George Allen & Unwin.（一九七一、三浦文夫監訳『社会福祉と社会保障』東京大学出版会）。
Wilensky, Harold L.（1975）*The Welfare State and Equality: Structural and Ideological Roots of Public Expenditures,* Berkley: University of California Press.（一九八四、下平好博訳『福祉国家と平等——公共支出の構造的・イデオロギー的起源』木鐸社）。

初出一覧

序章　「地域福祉の主流化と地域福祉計画――『地域福祉計画』の刊行に寄せて」『書斎の窓』五五一号、二〇〇六年。

1章　현대 일본의 지방분권과 사회복지（〝제一회 서울사회복지정책 포럼：탈중심화 시대 사회복지정책에서의 중앙 정부와 지방정부의 역할재편〟、한국사회복지정책학회、二〇〇四年）。

2章　日本地域福祉学会第一六回大会における配付資料、二〇〇二年。

3章　「グローカリティと公共性の転換――コミュニティ形成から地域福祉へ」『地域社会学会年報第一五集「公共性」の転換と地域社会』ハーベスト社、二〇〇三年。

4章　「地域福祉計画の策定」大森彌編著『地域福祉を拓く第4巻　地域福祉と自治体行政』ぎょうせい、二〇〇二年。

5章　「地域福祉計画を策定する上での留意点」地域福祉計画に関する調査研究委員会『地域福祉計画・支援計画の考え方と実際』全国社会福祉協議会、二〇〇二年。

6章　「地域福祉計画の時代はじまる――地方ガバナンスの学校」『地域政策研究』第二四号、二〇〇三年。

7章　「福祉社会の変容と健康・福祉サービス」京極高宣・武川正吾『高齢社会の福祉サービス』東京大学出版会、二〇〇一年。

8章　「转型期的日本社会保障」『社会保障研究』二〇〇五年第二期（总第二期）、中国劳动社会保障出版社、二〇〇五年。

9章　「福祉国家と福祉社会の関係の再構築――東北アジアのなかで考える」日本福祉大学ＣＯＥ推進委員会編『福祉社会開発学の構築』ミネルヴァ書房、二〇〇五年。

ま

や

ら

な

は

索　引

▨執筆者紹介▨

武《たけ》川《がわ》正《しょう》吾《ご》

1955年　東京都に生まれる

現　在　東京大学大学院人文社会系研究科教授

主な著書

『地域社会計画と住民生活』(中央大学出版部, 1992)

『福祉国家と市民社会――イギリスの高齢者福祉』(法律文化社, 1992)

『福祉社会の社会政策――続・福祉国家と市民社会』(法律文化社, 1999)

『社会政策のなかの現代――福祉国家と福祉社会』(東京大学出版会, 1999)

『福祉社会――社会政策とその考え方』(有斐閣, 2001)

『地域福祉計画――ガバナンス時代の社会福祉計画』(編著, 有斐閣, 2005)

『韓国の福祉国家・日本の福祉国家』(共編著, 東信堂, 2005)

『福祉社会の価値意識――社会政策と社会意識の計量分析』(編著, 東京大学出版会, 2006)

『福祉レジームの日韓比較――社会保障・ジェンダー・労働市場』(共編著, 東京大学出版会, 2006)

2006年7月30日　初版第1刷発行

地域福祉の主流化
―福祉国家と市民社会Ⅲ―

著　者　武　川　正　吾

発行者　岡　村　　勉

発行所　株式会社　法律文化社

〒603-8053　京都市北区上賀茂岩ヶ垣内町71

電話 075(791)7131　FAX 075(721)8400

URL:http://www.hou-bun.co.jp/

印刷：共同印刷工業㈱／製本：㈱オービービー

装幀　石井きよ子

ISBN4-589-02959-6